Selbstwertgefühl
Knigge [2100]

Steh auf! – Werde aktiv! – Zeige Profil!

Das eigene Leben beeinflussen, Motivation, The Winner 2

Horst Hanisch

© Zweite Auflage: 2021 by Horst Hanisch, Bonn

© Erste Auflage: 2017 by Horst Hanisch, Bonn

Bibliografische Information der Deutschen Nationalbibliothek: Die Deutsche Nationalbib-liothek verzeichnet diese Publikation in der Deutschen Nationalbibliografie; detaillierte bibliografische Daten sind im Internet über dnb.dnb.de abrufbar.

Der Text dieses Buches entspricht der neuen deutschen Rechtschreibung.

Die Ratschläge in diesem Buch sind sorgfältig erwogen, dennoch kann eine Garantie nicht übernommen werden. Eine Haftung des Autors und seiner Beauftragten für Personen-, Sach- und Vermögensschäden ist ausgeschlossen.

Aus Gründen der einfacheren Lesbarkeit wird auf das geschlechtsneutrale Differenzieren, zum Beispiel Mitarbeiter/Mitarbeiterin weitestgehend verzichtet. Entsprechende Be-griffe gelten im Sinne der Gleichbehandlung für alle Geschlechter.

Idee und Entwurf: Horst Hanisch, Bonn

Lektorat: Alfred Hanisch †, Bonn; Annelie Möskes, Bornheim

Buchsatz: Guido Lokietek, Aachen; Horst Hanisch, Bonn

Umschlag: Christian Spatz, Köln, engine-productions; Horst Hanisch, Bonn

Fotos/Zeichnungen: alle Winni-Zeichnungen: Jan Ried, Frankfurt, alle anderen Zeichnungen: Horst Hanisch, Bonn

Herstellung und Verlag: BoD – Books on Demand, Norderstedt

ISBN: 978-3-7526-7149-0

Selbstwertgefühl
Knigge 2100

Steh auf! – Werde aktiv! – Zeige Profil!
Das eigene Leben beeinflussen, Motivation, The Winner 2

Horst Hanisch

Hinweis zum Selbst-Coaching

Im klassischen Coaching sitzen Coach und Coachee einander in mehreren Sitzungen gegenüber. Ziele werden gesetzt, Strategien vereinbart und Übungen umgesetzt. Der Coachee ist eingeladen, am gedanklichen Austausch zu Modellen und Fallbeispielen teilzunehmen.

Im Selbst-Coaching, wozu dieser Ratgeber gut geeignet ist, sparen Sie das Honorar für den Coach, sowie eventuelle Fahrtkosten zu den Treffen.

In diesem Buch übernimmt das Fabelwesen Winni die Rolle des Coachs. Er gibt seinem Coachee (hier Sigi) Tipps und Aufgaben, bringt Modelle ein, regt zum Nachdenken und Reflektieren an.

Im Selbst-Coaching können Sie seinen Ausführungen folgen und entsprechend handeln.

Ihr mögliches Ziel: Das Selbstwertgefühl steigern.

Ihre Strategie: Die vorgeschlagenen Übungen umsetzen und Anregungen durchdenken und – auf Ihre Bedürfnisse angepasst – befolgen.

Guten Erfolg.

Inhaltsverzeichnis

Vorwort

Ich trage alle meine Werte bei mir.
Stilpon, gr. Philosoph und Leiter einer Philosophenschule
(ca. 370/380 v. Chr. - 290 v. Chr.)

Seinen Selbstwert erkennen

Liebe Leserin, lieber Leser, herzlich willkommen zum vorliegenden Thema ‚Selbstwertgefühl'. Dieses Buch eignet sich wunderbar zum Selbst-Coaching von zu Hause aus oder beim Lesen unterwegs und ‚zwischendurch'.

Betrachten Sie den Inhalt als Information zum Ausbau des Selbstwertgefühls oder benutzen Sie ihn als wertvolle Unterlage für eine ernsthafte Arbeit an sich selbst.

Sie werden von einem Fabelwesen namens Winni begleitet, dass ich Ihnen hier vorstellen darf.

Das Fabelwesen Winni ist eine fiktive, sehr freundliche Figur, die manchmal unerwartet auftaucht.

Winni ist die ‚treibende' Hauptfigur, die mit Sigi einige Tage verbringt.

Dieses Mal beleuchten beide in verschiedenen Kapiteln den Themenbereich ‚Selbstwertgefühl'.

Winni bringt Sigi in Dialogen dazu, sich Gedanken zu diesem Thema zu machen – und vor allem, selbst aktiv zu werden. Nicht umsonst steht im Titel: „Steh auf! Werde aktiv! Zeige Profil!"

Jammern darüber, dass alles ‚zu schwierig ist', hilft nicht weiter. Das eigene Leben in die Hand nehmen und aktiv werden, schon.

In Dialogen führt Winni Sigi – und damit auch die Leserin und den Leser –‚spielend' in die Thematik ein.

Liebe Leserin, lieber Leser, lassen Sie sich ein auf dieses spielerische Vorgehen, auf die Dialoge und die Tipps und Ratschläge Winnis.

Es ist natürlich Ihre Entscheidung, inwieweit Sie die Gedanken und Vorschläge mit Ihrem eigenen Leben abgleichen.

Bestimmt wird es das eine oder andere Thema geben, das Ihnen eine neue Betrachtungsweise geben kann, zum Nachdenken anregt oder Sie motiviert, aktiv zu werden.

Das Leben ist einmalig und bietet trotz aller Herausforderungen wunderbare Möglichkeiten, dieses erfüllt und glücklich zu gestalten.

Oft liegt es in der Hand des Einzelnen, sein in der Gesellschaft eingebettete Leben zu beeinflussen, zu optimieren.

Menschen mit einem gesunden Selbstwertgefühl überzeugen im privaten wie beruflichen Leben.

Die in diesem Buch beschriebenen Modelle, Gedanken und Vorgehensweisen wurden in zahlreichen individuellen Coachings, in Seminaren und Trainings erfolgreich angewendet und riefen immer wieder zur Reflexion über das eigene Leben auf.

Das Eigenstudium – oder Selbst-Coaching – hilft, seine Soft Skills, seine sozialen Kompetenzen auszubauen.

Ich wünsche Ihnen viele neue Erkenntnisse und viel Spaß beim Lesen dieses Buches, sowie beim Selbst-Coaching.

Ich übergebe das Wort an Winni.

Horst Hanisch

Einleitung

„Ich will was aus mir machen"

Wenn du siehst, wie viele dir voraus sind, so denke daran, wie viele dir nachstehen.
Lucius Annaeus Seneca, röm. Philosoph
(4 v. Chr. - 65 n. Chr.)

Das Selbstwertgefühl steigern – bewusst und aktiv leben

Wer zu Hause auf seinem Sofa sitzt, es sich in seinen vier Wänden bequem macht und sich dann beschwert, dass nichts Aufregendes im eigenen Leben geschieht, ist selbst dran schuld.

Es darf davon ausgegangen werden, dass jeder für sich selbst und sein Leben verantwortlich ist, ohne es dem Zufall oder Glück zu überlassen. Nicht jeder in unserer Gesellschaft hat das Glück, in eine wohlhabende Familie hineingeboren zu werden, in der ihm alles zugeflogen kommt und er sozial gesichert ist.

Um es gleich klarzustellen: Im Folgenden geht es nicht ausschließlich um materielle Dinge, sondern darum, was ein erfülltes und glückliches Leben wahrscheinlich macht. Die meisten müssen hart arbeiten, um finanziell abgesichert zu sein. Dabei soll und darf (im tatsächlichen Leben) der soziale Austausch mit Freunden, mit Gleichgesinnten und natürlich mit der Familie nicht zu kurz kommen.

„Hätte ich doch nur ..."

Wenn ich mit älteren Menschen zu tun habe, höre ich immer mal wieder ein leidvolles Jammern: „Hätte ich doch damals ..." oder: „Wäre ich mal damals ...". Tja hätte oder wäre er damals, was auch immer. Aber offensichtlich hat und ist er nicht.

Der Klagende wird sicherlich Hunderte von Erklärungen finden, weshalb er nicht das tun oder erreichen konnte, was er gerne getan oder erreicht hätte.

Verständlicherweise ist es viel einfacher, sich mit sogenannten ‚Killerphrasen' aus der Affäre zu ziehen. Sicherlich kennen Sie einige dieser Phrasen. „Dafür habe ich gerade kein Geld." „Dazu fehlt mir gerade die Zeit." „Das ist so weit weg." „Dazu bin ich zu jung." „Dazu bin ich zu alt." Und viele, viele andere mehr.

Alle diese Killerphrasen mögen ihre Berechtigung haben. Tatsächlich helfen sie, nennen wir es mal, Rechtfertigung zu finden, nicht aktiv zu werden. Wer immer Pläne oder Visionen hat, wird Argumente finden, warum gerade dieses oder jenes nicht umgesetzt werden kann.

Sehr häufig kommen zeitliche, finanzielle oder beruflich bedingte Kriterien ins Spiel. Das mag alles stimmen. Aber: Es ändert sich nichts!

Der junge Mensch glaubt, ein endlos langes Leben vor sich zu haben. Es wird immer noch genügend Möglichkeiten geben, dies oder das zu tun. Aus seiner Sicht hat er – subjektiv – natürlich recht. Der ältere Mensch hat schon längst rational erfasst, sondern auch emotional empfunden, dass das Leben endlich ist. Es wird nicht endlos Möglichkeiten geben das zu tun, was er dann noch wollte. Allerdings – es ist nie zu spät. Je älter ein Mensch wird, desto eher erschweren körperliche Beeinträchtigungen eine freie Entfaltungsmöglichkeit.

Das kann der junge Mensch rational nachvollziehen, allerdings emotional noch nicht empfinden. Es fehlt ihm ganz einfach die Erfahrung hierzu. So ließe sich sagen, dass der Mensch in einem gewissen Dilemma aufwächst. In seiner Jugend ist er in der Regel körperlich und geistig fit genug alles Mögliche zu ‚riskieren'.

Dazu fehlt allerdings häufig die finanzielle Unterstützung.

Der ältere Mensch hingegen, davon ausgehend, dass er finanziell abgesichert ist, könnte zwar nun aktiv werden, aber die oben erwähnten gesundheitlichen Einschränkungen sind nur bedingt zu überwinden.

Zufriedenheit und Glücklich sein

Gibt es eine Lösung für dieses Dilemma? Nun, unabhängig des Alters ist ein jeder aufgerufen, sich Gedanken über den eigenen Lebensstil zu machen. Dabei helfen oft Fragen wie: „Was will ich erleben/erreichen?" Oder: „Wie will ich leben?" „Bin ich mit meinem aktuellen Leben zufrieden?" Oder noch besser: „Bin ich in meinem aktuellen Leben glücklich?"

Tatsächlich gibt es einen Unterschied zwischen zufrieden und glücklich sein. Wenn jemand am Ende seines Lebens sagen kann: „Ich bin ganz zufrieden mit meinem Leben" bedeutet das so viel wie: „Es hätte auch besser sein können, aber naja, ist schon o. k." In einem klassischen Schulnotensystem könnte dem Leben des Menschen die Note drei gegeben werden.

Anders sieht es allerdings bei demjenigen aus, der sagen kann: „Ich bin sehr glücklich in meinem Leben." Oder: „Ich bin sehr glücklich mit dem, was ich in meinem Leben erreicht habe." Im Vergleich zu Zufriedenheit ist Glück deutlich höher anzusehen. Im Schulnotensystem zeigte hier locker eine eins.

Nur, was nützt es, bis ans Ende des Lebens zu warten, um an einen dieser Sätze zu denken oder auszusprechen? Dann kann sowieso nichts mehr geändert werden. Das bedeutet, dass früher, sehr viel früher, damit begonnen werden muss, die eigene Lebenseinstellung zu überdenken und gegebenenfalls anzupassen.

In hiesiger Gesellschaft können die meisten Menschen durch entscheidendes Handeln einen starken Einfluss auf ihr Leben nehmen.

Die Zeiten, in denen jemand nach der Geburt auf eine – bildlich aus-gedrückt – gerade Schiene gesetzt wurde, einen kleinen Anschub er-hielt und dann sein Leben lang auf der vorgegebenen Bahn durchlief, sind vorbei.

Ein Blick auf jüngere Menschen zeigt, dass es diese Einbahnstraße nur noch selten gibt. Heute hat der junge Mensch schier unglaubliche Möglichkeiten, seinen privaten wie beruflichen Weg erfolgreich zu starten. Es stehen ihm Alternativen zur Verfügung, von denen viele Ältere nur träumen können.

Wo ist die Sicherheit?

Andererseits fehlt gleichzeitig die in früheren Generationen vorgege-bene, zumindest vermeintlich gefühlte, Sicherheit, auf dem einmal eingeschlagenen Wege erfolgreich irgendwann ans Ziel zu kommen.

Diese Garantie kann dem jüngeren Menschen heute nicht mehr ge-geben werden. Unsere Zeit ist dermaßen schnelllebig geworden, so unglaublich durch nationale und internationale Ergebnisse geprägt, dass sich abends ein total verändertes Bild der Welt zeigt, als es beim Aufstehen gegeben war.

Wer kann heute wissen (wissen!), was morgen geschehen wird? Nie-mand. Trotz Training, Ausbildung und aller gesammelten Erfahrung wird es immer und immer wieder neue, unvorhersehbare, tja undenk-bare (zumindest bis zu diesem Augenblick undenkbare) Situationen geben, die das aktuelle Leben beeinflussen.

Darüber lässt sich natürlich auch jammern. Und zwar wunderbar jam-mern. Wer hört sie nicht, die bildhaft genannten ‚Stammtischbrüder', mit einem geseufzten: „Früher war alles besser".

Ist das so? Es ist stark anzuzweifeln, ob im Rückblick alles besser war.

Früher war, sagen wir mal, alles anders. Aber ob es wirklich besser war? Darüber ließe sich jetzt vortrefflich streiten, ohne zu einem vernünftigen Ende zu kommen. Die Gegenwart hält allerlei hilfreiche Neuerungen bereit.

Es lässt sich sagen: Fast täglich kommen neue Erfindungen auf die Gesellschaft zu. Manche dieser Neuheiten bekommt der Einzelne gar nicht so ganz richtig mit und dann sind sie schon wieder überholt. Was heute als ‚hipp' gilt, ist morgen schon ‚out'. Die Chancen sind demnach da – und zwar viele Chancen.

Welche der angebotenen Chancen dem Einzelnen tatsächlich helfen, weiter oder gar glücklicher zu werden in seinem Leben, weiß natürlich keiner. So kann es geschehen, dass jemand eine Chance ergreift und nach einiger Zeit merkt, dass er in einer Sackgasse landet.

Oder noch unangenehmer: Er hat durch die gewählte Option nicht nur Zeit verloren, sondern gegebenenfalls auch investiertes Geld. Pech gehabt! Das darf ihn aber nicht gleich umwerfen. Viele ursprünglich erfolgreiche Menschen haben Pleiten erlebt.

Die Unerschütterlichen allerdings, sind wieder aufgestanden. Sonst wären sie nicht bekannt geworden. Also ist daraus zu lernen: nicht unterkriegen lassen! Ruhig mal ein Risiko eingehen!

Um es ganz klar zu sagen: Niemand wird das Risiko, das ein anderer eingeht, eben mal übernehmen wollen. Jeder mündige Erwachsene ist für seine eigene Entscheidung selbst und voll haftbar verantwortlich.

Das sollte sich jeder klarmachen, sich dadurch allerdings trotzdem nicht entmutigen lassen, sonst ist er wieder bei den oben erwähnten Killerphrasen angelangt.

Der gebürtige Kanadier und US-amerikanische Psychotherapeut Nathaniel Branden (1930 – 2014) machte sich Gedanken zum Thema Selbstwertgefühl.

Er hat dazu ‚6 Säulen des Selbstwertgefühls' benannt, die zu einem erfolgreichen Leben führen: Bewusstes Leben – Selbstannahme – Eigenverantwortliches Leben – Selbstsicheres Behaupten der eigenen Person – Zielgerichtetes Leben – Persönliche Integrität.

Im ‚Schwesterbuch' ‚Selbstbewusstsein Knigge ^{2100}' wurde bereits auf die beiden Themen Selbstannahme (Ich akzeptiere mich so, wie ich bin) und Zielgerichtetes Leben (Realistische Zielführung) eingegangen.

Im vorliegenden Buch wird auf andere Schwerpunkte zum Thema Selbstwert eingegangen, wozu zum Beispiel auch die Motivation und der Mut zum Risiko gehören.

Steigern Sie Ihr Selbstwertgefühl! Stehen Sie auf! Werden Sie aktiv! Schauen Sie sich um und ergreifen Sie die Chancen, die das Leben bietet. Lassen Sie sich durch kleine Misserfolge nicht unterkriegen oder in Depressionen drücken. Wenn eine Tür zugeht, geht eine andere auf.

Den Leserinnen und Lesern, die das Ziel haben, an ihrem aktuellen Leben zu feilen, wünsche ich die bestmöglichen Ergebnisse. Seien Ihnen alle Daumen gedrückt.

Teil 1
Steh auf!

Raus aus der Bequemlichkeit

„Mir brennt es unter den Nägeln"

1. Es geht um mich – Ich bin Sigi

„Leute, mir brennt es unter den Fingernägeln. Ich will endlich anfangen, ich will aktiv werden.

Lange genug habe ich mich mit dem Thema Selbstbewusstsein auseinandergesetzt und kann nun problemlos die drei Fragen ‚Wer bin ich?', ‚Was kann ich?', ‚Was will ich?' beantworten (vergleiche Selbstbewusstsein Knigge [2100] The Winner 1).

Es ist an der Zeit, das gewonnene Selbstbewusstsein auch einzusetzen. Das habe ich jetzt vor, ich bin stark motiviert.

Übrigens, ich will mich kurz selbst vorstellen. Mein Name ist Sigi.

Ich würde mich eher als netten Typ bezeichnen. Allerdings hat es eine Weile gedauert, bis ich mein Selbstbewusstsein optimal ausgebaut hatte. Dabei hat mir Winni sehr viel geholfen. Für diejenigen, die Winni noch nicht kennen: Winni ist ein Fabelwesen, das manche als drachenartig bezeichnen würden.

Er ist ein ganz aufgewecktes Bürschchen, wenn ich es mal so ausdrücken darf. Winni taucht plötzlich auf und genauso schnell plötzlich wieder ab. Wenn ich es mir genau überlege, weiß ich noch nicht einmal, woher er kommt. Er sagt nur hin und wieder: ‚Da wo ich herkomme ...'. Muss ihn bei Gelegenheit mal fragen, obwohl es genau genommen auch egal ist.

Ich will Winni als guten Freund bezeichnen, auch wenn er manchmal um den heißen Brei herumredet. Ich muss meinen Grips wirklich anstrengen, um herauszufinden, was er von mir will.

Tatsächlich hat er es geschafft, meine Gedanken und mein Verhalten in gute Richtungen zu lenken. So konnte ich viel Neues über mich und mein Verhalten lernen. Aber Sie werden Winni bestimmt kennenlernen. So wie ich ihn kenne, wird er irgendwann unerwartet auftauchen.

Noch ein letzter Hinweis: Ich habe das Gefühl, dass Winni Gedanken lesen kann. Also Vorsicht, woran Sie in seiner Gegenwart denken!"

2. Das Leben eigenverantwortlich leben

„Hi Sigi." Es gab einen Plopp und in einer kleinen Nebelwolke trat Winni wie ein kleiner Star auf.

„Hallo Winni, ich freue mich, dich zu sehen. Wie geht es dir? Ich hatte schon eine ganze Weile keinen Kontakt mehr zu dir."

„Danke der Nachfrage", antwortete Winni und streckte sich dabei ausgiebig. „Hatte eine ganze Menge zu tun. Da wo ich herkomme, gibt es immer wieder reichlich Arbeit. Genau genommen kenne ich gar keinen, der faul auf der Haut liegend sein Leben vergammelt. Und das ist auch gut so, weil ..."

„Ja Winni", unterbrach ich. „Ich weiß, dass du immer viel zu tun hast. Umso schöner und wertvoller ist es für mich, dass du mal wieder zu Besuch kommst. Was kann ich für dich tun?"

„Na, ist es nicht eher umgekehrt? Bisher brauchtest du ja deutlicher meine Gedanken als Anstöße. Ich weiß, dass es wieder so ist, seit du dich entschlossen hast, aktiv zu werden."

„Aha", stöhnte ich, da ich bereits gewisse Anstrengungen auf mich zukommen sah. „Also?"

„Nun, ich habe vernommen, dass du aus deiner Bequemlichkeit raus willst."

„Na, Bequemlichkeit ist leicht übertrieben. Ich will nur endlich aufstehen und aktiv werden."

„Das hört sich wunderbar an. Erinnerst du dich, einmal ein ‚Drehbuch des Lebens' geschrieben zu haben?"

„Na klar."

„Damals wie heute fand ich es gut, dass du als Hauptperson überwiegend die Handlung des Films – zu dem du das Drehbuch erstelltest – bestimmtest. Es ist schließlich dein Leben."

„Schon damals warf ich ein, dass ich nicht immer das tun kann, was ich möchte", erinnerte ich Winni, obwohl es klar war, dass er es genauso gut wusste wie ich.

„Dafür gibt es zwei deutliche Gründe", dozierte Winni. „Erstens: So-lange du in einer Gesellschaft lebst, wirst du immer von anderen in deinem Leben mitbestimmt werden. Bist du in der Fußgängerzone unterwegs und einer kommt dir entgegen, wirst du deinen Weg so wählen, dass ihr nicht kollidiert. Oder: Die Stadtwerke haben be-schlossen, dass der Bus morgens um 08:23 Uhr abfährt. Du kannst dann erst um 08:26 Uhr kommen – der Bus wird voraussichtlich weg sein, zumindest, falls er pünktlich abgefahren ist. Damit will ich sa-gen, dass du dein eigenes Leben gar nicht immer so leben kannst, wie es dir gefallen könnte."

„Das ist einwandfrei korrekt. Und der andere Grund?"

„Sigi, stell' dir vor, du liegst nach einem schweren Unfall im Kranken-haus. Die Ärzte werden dich nun behandeln – müssen, ohne dich zu fragen, ob dir das recht ist."

„Das ist nachvollziehbar, bringt mir aber auch einen Vorteil. Ich kann mich nach dem Unfall möglicherweise gar nicht äußern."

„Eben."

„Dann ist es doch gar nicht schlimm, wenn andere für mich entschei-den", überlegte ich.

„In den genannten Beispielen nicht. Sonst wären das Zusammenle-ben und das Überleben in der Gesellschaft gar nicht möglich. Ich meine eher, dass andere nicht willkürlich über dich bestimmen."

„Das habe ich damals auch nicht so richtig verstanden", musste ich zugeben.

„Andere Menschen greifen in dein Leben ein, zum Beispiel Eltern, Leh-rer, Vorgesetzte, Nachbarn, der Fahrgast, der neben dir im Bus sitzt. Diese anderen Menschen, also dein soziales Umfeld, beeinflussen dein Leben. Je mehr sie dir ihren Willen aufdrängen, desto mehr wirst du ‚fremd-bestimmt-gelebt'!"

„Ja, ich weiß", murmelte ich.

„So ist das in einer Gesellschaft. Das Risiko ist lediglich, dass du dich zu viel von anderen beeinflussen lässt. Am Ende machst du nur noch das, was andere von dir wollen. Pass auf", und Winni erhob mahnend seinen rechten Zeigefinger, „pass auf, dass du nicht gelebt wirst!"

Winni hatte zweifellos recht. Wie oft hatte ich schon auf etwas verzichtet, nur weil meine Eltern oder Arbeitskollegen mich um etwas anderes baten. Unhöflich sein wollte ich auch nicht. Sollte ich jetzt egoistischer werden? Ich musste Winni fragen: „Du, Winni, sollte ich öfter meine Ellbogen benutzen, um mich durchzusetzen?"

„Sigi, ich nenne es lieber: selbstbestimmt reagieren. Nicht böse aggressiv, aber schon mal ‚nein' sagen können. Das ist ein ziemlich guter Weg, das zu erreichen, was du willst. Deutlich erkennen: ICH lebe mein Leben."

„Das heißt aber nicht", fuhr Winni belehrend fort, „egoistisch sein oder die Ellbogen benutzen, um die eigenen Ziele zu erreichen."

Damit konnte ich leben. „So, jetzt aber wieder zu mir. Ich sagte ja schon, dass ich motiviert bin und loslegen will."

3. Motivation

„Nun, du sagst, du bist motiviert."

„Ja, richtig. Ich bin motiviert und will endlich loslegen."

„Redest du hier von intrinsischer oder extrinsischer Motivation?" fragte Winni schelmisch nach.

„Ich habe es geahnt", stöhnte ich. „Was verstehst du denn unter diesen beiden Begriffen?"

„Unter intrinsischer Motivation wird die innere Motivation verstanden. Extrinsische Motivation erfolgt von außen", belehrte mich Winni. Dieses Verhalten wirkte immer so überheblich auf mich, dass ich mich zurückhalten musste, nicht schnippisch zu antworten.

„Sei nicht so schnippisch", belehrte mich Winni, wobei er wirklich stirnrunzelnd aussah, „Höre mal genau zu …"

„Ach, das bringt mich aber auch nicht weiter."

„Lass uns mit der extrinsischen Motivation beginnen. Bei der extrinsischen Motivation wirken Einflüsse oder Reize von außen auf einen ein. Beispielsweise kann dich die Höhe des Gehalts motivieren, oder die professionelle Ausstattung des Arbeitsplatzes, ein Dienstwagen, auch ein Arbeitsauftrag oder gar ein Befehl."

„Verstehe ich richtig, extrinsische Motivation bedeutet, dass äußere Anreize oder ein anderer Mensch mich dazu bringt, aktiv zu werden?"

„Ja, bravo!" Winnie klatschte begeistert in die Hände. „Richtig erkannt. Und wann liegt dann eine innere Motivation vor?"

„Nun, die müsste vorliegen, wenn der Anstoß aus mir selbst kommt, also, wenn ich etwas aus eigenem Antrieb bestimme."

„Ja richtig!"

„Wenn ich selbst entschieden habe, etwas zu tun, weil <u>ich</u> <u>von</u> <u>mir</u> aus ein Ziel erreichen <u>will</u>?" Ich fühlte mich stolz, weil ich mich auf gleicher Augenhöhe mit Winni fühlte.

„Korrekt. Du selbst erkennst den Willen, etwas zu tun, weil du weißt, dass es dir guttut, dass es dich entspannt, dass es dir Freude bringt, dass es dir beruflichen Erfolg sichert und so weiter. Wenn ich dich auffordere, aktiv zu werden – und du wirst dann tatsächlich auch aktiv – können wir von extrinsischer Motivation sprechen.

Entscheidest du selbst, sozusagen von innen heraus, sind wir im intrinsischen Bereich."

„Ich habe verstanden."

„Was denkst du, welche Motivation wohl wichtiger ist?"

„Hm, ich meine die intrinsische Motivation", antwortete ich, ohne dass ich lange überlegen musste.

„Sehr richtig. Es handelt sich schließlich um <u>dein</u> Leben, das du selbst steuern kannst und – soweit möglich – auch steuern willst. Ja, dann werde aktiv, lieber Sigi."

Wieder gab es einen etwas Nebel auslösenden Plopp – Winni war verschwunden.

Ich lehnte mich tief durchatmend und zufrieden in meinem Sitz zurück. Da sah ich ein Blatt Papier auf dem Boden liegen. Ich bückte mich, hob es auf, setzte mich hin und las:

Intrinsische Motivation	Extrinsische Motivation
Entsteht aus innerem Anreiz.	Wird durch äußere Anreize ausgelöst.
Die Motivation entsteht aus mir selbst heraus.	Die Motivation entsteht, da ich belohnt oder bestraft werde.
Ich erkenne den Sinn meines Handelns.	Ich erledige mein Tun, weil ich es erledigen muss.
„Ich mache."	„Ich soll machen."

Es war mir klar, dass ich selbst mein Selbstwertgefühl steigern wollte – und niemand anderes dafür zuständig war. Deshalb wollte (nicht musste, sondern wollte!) ich auch selbst aktiv werden und war innerlich wirklich motiviert. Es musste mich niemand von außen motivieren, um aktiv zu werden. Das kleine Feuer in mir war entzündet.

4. Konformität versus Profil zeigen

„Sag mal Sigi, hast du vor ein paar Tagen gesehen, welche Krawatte der Nachrichtensprecher im ersten Programm trug?"

„Nein, vielleicht ja, jedenfalls kann ich mich nicht erinnern. Sicherlich eine quer gestreifte Krawatte."

„Trug er denn überhaupt eine Krawatte?" Ich hörte einen gewissen hinterlistigen Ton in Winnis Frage mitschwingen.

„Davon gehe ich mal aus. Ich kann mich jedenfalls nicht erinnern, jemals einen der Nachrichtensprecher der öffentlich-rechtlichen Programme im Fernsehen ohne Krawatte gesehen zu haben."

„Würde es dir auffallen, erschiene er ohne Krawatte?"

„Ja natürlich. Das gehört dazu."

„Was gehört dazu?"

„Die Krawatte meine ich."

„Würde sich der Inhalt der Nachricht ändern, würde diese ohne Krawatte vorgelesen?"

„Nein, natürlich nicht. Ist ja egal, ob er eine Krawatte trägt oder nicht."

„Also ist es egal, ob er eine Krawatte trägt?"

„Nein", wand ich mich. „Die Krawatte gehört einfach dazu."

„Wer sagt das denn, dass die Krawatte dazu gehört?"

„Ja, das weiß ich auch nicht. Vielleicht ist es eine Anordnung der Verantwortlichen im Sender. Jedenfalls kann ich mich nicht erinnern, dass jemals einer der Nachrichtensprecher ohne Krawatte aufgetreten ist. Also muss es ja wohl so sein."

„Nur um es noch einmal klarzustellen, lieber Sigi. Es ist vollkommen egal, ob die Nachricht mit oder ohne Krawatte vorgelesen wird. Aber jetzt kommen wir zum entscheidenden Punkt. Der Zuschauer geht davon aus, dass der Sprecher mit Krawatte erscheinen soll. Welches Gefühl hättest du, käme er mit offenem Hemdkragen?"

Ich musste erst einen Moment überlegen. „Ich denke, der Sprecher käme mir nicht mehr so seriös vor. So könnte es sein, dass ich gegebenenfalls sogar die Nachricht anzweifeln würde."

„Das ist sehr interessant. Nehmen wir an, du würdest dich als Nachrichtensprecher bewerben – mit oder ohne Krawatte?"

„Mit Krawatte selbstverständlich!"

„Hättest du grundsätzlich etwas dagegen einzuwenden, wenn in Zukunft alle Sprecher mit offenem Hemdkragen erscheinen würden?"

„Es wäre möglicherweise gewöhnungsbedürftig. Aber grundsätzlich – weshalb nicht?"

„Kann es sein, dass manche Menschen eine bestimmte Kleidung tragen, weil es so üblich ist? In der Bank eher mit Anzug oder Kostüm, in Arztpraxen mit weißem Kittel, in den meisten Boutiquen mit schickem Casual? Der Bankangestellte würde kaum in Shorts hinter dem Schalter sitzen."

„Das stimmt. Das hat sicherlich auch etwas mit Sicherheit am Arbeitsplatz oder Bequemlichkeit zu tun, vor allem aber mit einem gewissen Bild der Seriosität, die vermittelt werden soll. Ich bin der Meinung, dass grundsätzlich jeder machen kann, was er will. In unserem Falle meine ich, er kann sich kleiden, wie er will."

„Aha."

„Ich bemerke deine Skepsis. Ich meine ja auch, dass er sich theoretisch kleiden kann, wie er will. Praktisch denke ich eher nicht. Ich versuche mir gerade einen Professor an der Universität in kurzen Hosen vorzustellen. Lieber nicht!"

„Wir können also festhalten, dass der Mensch aus Gewohnheit, aber auch aus Sicht der Erwartungshaltung in einem bestimmten Outfit auftritt und sich entsprechend verhält."

„Ja, ich sehe das auch so."

Das Experiment von Solomon Asch

„Schau mal hier, Sigi, ich habe einen Bogen Papier mitgebracht. Darauf siehst du eine senkrechte Linie."

Winni zauberte ein Stück Papier hervor, auf dem eine Linie senkrecht aufgemalt war.

„Nun zeige ich dir ein zweites Blatt Papier, mit drei parallelen Linien."

„Würdest du mir zustimmen, Sigi, dass diese drei Linien verschieden lang sind?"

„Das sieht doch wirklich jeder." Was war das denn wieder für eine Frage? Was hatte Winni vor?

„Aha!" rief Winni aus. „Ich halte jetzt die beiden Papiere nebeneinander. Meine Frage an dich lautet: Welche Linie auf dem zweiten Blatt ist genau so lang wie die auf dem ersten?"

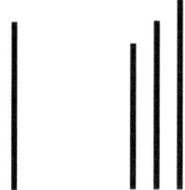

„Das ist einfach zu sehen. Selbstverständlich die mittlere."

„Selbstverständlich?"

„Ich drücke mich etwas anders aus: Ja, die linke Linie ist genau so lang wie die mittlere rechts."

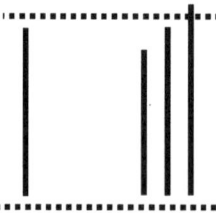

„Deine Antwort ist richtig. Zwei Vergleichslinien sollen zeigen, dass die genannten Linien gleich lang sind."

„Was ist jetzt das Besondere an deiner Frage?", fragte ich etwas ungeduldig.

„Vielleicht würde es dich wundern, dass in einem Experiment von Solomon Asch etwa drei Viertel aller Befragten eine andere Linie als gleich lang bezeichnet haben."

„Drei Viertel? Nein, das kann ich mir nicht vorstellen. Was war denn das für ein eigenartiges Experiment?"

„Das will ich dir erklären. Der polnische Gestaltungs- und Sozialpsychologe Solomon E. Asch (1907 – 1996) führte im Jahre 1970 mehrere Versuche durch, um das konforme Verhalten von Menschen zu beweisen. Dazu platzierte er sieben bis neun Testpersonen in einen Halbkreis. Das sah ungefähr so aus:"

Winni fuhr fort: „Tatsächlich war nur eine Person (die dunkel markierte) eine echte Versuchsperson, die anderen waren eingeweiht. Mit solchen Versuchsgruppen führte er 12 bis 18 Durchgänge durch. Er zeigte den Teilnehmern der Reihe nach (in Pfeilrichtung) eine Karte mit der Standard-Linie und eine Karte mit Vergleichslinien."

„Die beiden Karten mit den Linien, die du mir vorhin gezeigt hast?"

„Ja, genau solche Karten."

„Die Teilnehmer sollten nun die Linie benennen, die dieselbe Größe wie die Standard-Linie hatte. Die eingeweihten Mitspieler benannten eine falsche Vergleichs-Linie. Dabei ging Solomon Asch in Pfeilrichtung vor. Er fragte zuerst die Person, die auf unserem Bild ganz rechts außen sitzt. Die eingeweihte Person nannte nun nicht die Linie die tatsächlich gleich lang war, sondern eine andere, beispielsweise die ganz rechts abgebildete."

„Moment, Moment! Die ist ja länger als die Standard-Linie!"

„Das ist ja gerade der Witz dabei, Sigi. Die rechts sitzende Person ist eingeweiht und soll absichtlich eine nicht gleichlange Linie nennen. Genauso gingen die anderen eingeweihten Teilnehmer vor. Schließlich ist die echte Testperson an der Reihe. Sie sitzt an der vorletzten Stelle und hat nun schon mehrfach eine Antwort gehört. Sie sieht die Standardlinie und das Blatt mit den Vergleichslinien. Nun geschieht das Seltsame. Ungefähr drei von vier Personen haben tatsächlich die Linie benannt, die die Vorgänger bereits als gleich lang bezeichneten."

Ca. 37 - 54 % der tatsächlichen Versuchspersonen	**nehmen die falsche Meinung an.**
Ca. 30 %	**nehmen die falsche Meinung immer (bei allen Durchgängen) an!**
Ca. 25 %	**nehmen die falsche Meinung nie an.**

„Das ist aber schockierend. Verstehe ich richtig, dass ca. 30 % immer, wirklich immer, die andere Meinung annehmen?"

„Ja. Herr Asch führte ja mit jeder Gruppe 12 bis 18 Übungen durch. Und diese 30 % haben ihre eigene Meinung nicht vertreten können."

„Wenn wir diese 30 % betrachten, sowie die 37 bis 54 %, die in der Regel die falsche Meinung annahmen, kommen wir deutlich auf die Anzahl der Versuchspersonen, die sich durch die Meinung der anderen beeinflussen ließen."

„Ja."

„Aber wieso denn? Wieso sind die denn so vorgegangen? Weshalb haben sie nicht die Wahrheit gesagt?"

5. Gruppenzwang

„Das hat Herr Asch ja mit seiner Versuchsreihe bewiesen. Er zeigt, dass der Mensch dazu neigt, die Meinung oder das Verhaltensmuster anderer Gruppenmitglieder anzunehmen – wohlgemerkt, auch wenn er merkt, dass diese Aussage nicht korrekt ist. Nicht umsonst wird hier von Gruppenzwang gesprochen und von Konformität."

„Konformität?"

„Wir sprechen von einem konformen Verhalten, wenn du dich so verhältst, wie du erwartest, dass die Gesellschaft erwartet, wie du dich verhalten sollst."

„Das versteht doch kein Mensch!" Ich war etwas verärgert.

„Nun gut", wirkte Winni beruhigend auf mich ein. „Ich erkläre es mit anderen Wörtern. Die Gesellschaft – also dein soziales Umfeld – hat eine gewisse Erwartungshaltung beziehungsweise Vorstellung, wie sich Menschen – also auch du – zu verhalten haben. Wenn du diesem Erwartungsbild entsprichst, ist alles in Ordnung. Es droht keine vermeintliche Gefahr; es gibt keinen Grund sich aufzuregen. Du verhältst dich konform."

„Was geschieht, wenn ich mich nicht konform verhalte?"

„Dann riskierst du, dass andere dein Verhalten oder dein Auftreten als unpassend oder gar als falsch empfinden."

„Deshalb also die Krawatte bei dem Nachrichtensprecher?"

„Genau."

„Also haben sich die ca. 75 Testpersonen deswegen konform verhalten?"

„Ja. Es gibt mehrere Erklärungen. Einige will ich dir nennen. So hat der Einzelne zum Beispiel Angst, sich zu blamieren oder sogar Angst, aus der Gruppe ausgeschlossen zu werden. Wer will schon mit jemandem zu tun haben, der anders wahrnimmt als die Mehrheit? Es kann auch sein, dass der Einzelne einfach die Diskussion scheut, die er möglicherweise aufrufen würde, wenn er eine andere – in diesem Fall die richtige – Linie benennen würde. Also hält er lieber den Mund, um diese Diskussion zu vermeiden. Außerdem kann hier ein mangelndes Selbstbewusstsein vorliegen. So nach dem Prinzip: ‚Ja nicht auffallen!‘"

„Kann es nicht auch sein, dass er an seiner eigenen Wahrnehmung zweifelt?"

„Na klar. Vielleicht denkt er: ‚Habe ich jetzt was an den Augen?‘ Er zweifelt also an seiner eigenen Wahrnehmung. Er hält die Wahrnehmungen der anderen für korrekt und passt sich an. Und noch etwas: Einige der Testpersonen werden bestimmt gedacht haben: ‚Wenn alle anderen die rechte Linie als gleichlang ansehen, dann wird das schon richtig sein.‘ Die Testperson hört auf, selbst zu denken und stimmt einfach der Meinung der anderen zu. Das Risiko scheint recht gering zu sein, der Mehrheit zuzustimmen. In der Gruppe Gleichgesinnter fühlt sich die Testperson sicher."

„Es ist ja lange nicht so, dass die Mehrheit immer Recht hat!", rief ich aus. „Es gibt ja genügend Beispiele, alleine aus der deutschen Geschichte, die zeigen, dass das konforme Verhalten nicht immer der optimale Weg sein muss."

(Liebe Leserin, lieber Leser, an welche Situationen erinnern Sie sich, in denen Sie ‚mit der Masse‘ mitgeschwommen sind, wohlwissend, dass es auch eine andere An-Sicht gab?)

6. Profil zeigen

„Es stimmt zweifelsohne, was du sagst. Konformes Verhalten kann gut sein, kann aber auch schlecht sein. Wenn sich jemand aber ständig unüberlegt am Verhalten einer anderen Person orientiert, wo bleibt dann seine eigene Persönlichkeit? Ich finde es richtig, wenn sich jemand überlegt, ob es ihm Vorteile oder Nachteile bringt, wenn er sich konform verhält, wie es von ihm erwartet wird. Beispielsweise meine ich hier die Gesetzeskonformität. Wenn der Einzelne sich den gesetzlichen Regelungen unterordnet, ist ein soziales Zusammenleben erst möglich. Hier stimmt die Konformität in den meisten Fällen uneingeschränkt. Dann gibt es auch die gesellschaftlichen Regeln, die das Zusammenleben erleichtern. So weit, so gut. Aber außerhalb dieser zwei großen Bereiche gibt es noch unzählige andere Möglichkeiten, ein eigenes Profil zu leben und zu zeigen.‟

„Zum Beispiel?‟

„Zum Beispiel in der Kunst. Sänger, Maler, wer immer sich im künstlerischen Bereich austobt, kann versuchen, etwas anderes, in diesem Falle Neues, zu kreieren. Wenn es ihm gelingt, sich von der großen Masse abzuheben, wird er ein umjubelter Star. Unternehmen, die es schaffen, ein Produkt auf den Markt zu bringen, das es in dieser Form noch nicht gab, haben die Chance, einen Markt im wahrsten Sinne des Wortes zu erobern. Etwas in derselben Art herauszubringen, was andere auch herausbringen, kann diesen Erfolg nicht erzielen.‟

Da fiel mir etwas ein. „Winni, wenn jemand anders denkt oder handelt, riskiert er dann nicht, von anderen ausgeschlossen zu werden? Das war ja ein Teil des Ergebnisses des oben erwähnten Experiments.‟

„Das ist genau der Knackpunkt. Nehmen wir wieder einen Künstler. Wenn der etwas anderes auf den Markt bringt, kann es genauso gut möglich sein, dass die Kunden denken: ‚Was ist denn das für ein Mist?' Dann hat unser Künstler Pech. Wir fassen das in folgender Überlegung zusammen: Zeigt jemand Profil, geht er ein Risiko ein. Das Risiko besteht darin, dass er, um es einmal extrem auszudrücken, als Außenseiter betrachtet wird. Die unglaublich große Chance hingegen tut sich gleichzeitig auf, wenn er den Nerv der Zeit trifft, und plötzlich von allen bejubelt wird."

In der Masse mitschwimmen?

„Ja soll ich denn nun Profil zeigen oder nicht?"

„Wenn du dich bequem in der Masse mittreiben lassen willst, gibt es keinerlei Handlungsbedarf. Willst du hingegen die möglichen Chancen nutzen, die dir das Leben bietet, dann gehe bestimmte Risiken ein. Ich will dir das anhand von zwei Zeichnungen demonstrieren:"

Zwei Linien konnte ich erkennen. Einmal eine gerade, eben verlaufende und eine mit einer deutlichen Wölbung nach oben.

Winni fuhr fort: „Links ist das bequeme Leben abgebildet. Stelle dir einfach mal vor, dein Leben würde sich ewig wie eine lange, lange waagrechte Linie hinziehen. Mehr oder weniger ohne Abweichung nach oben oder unten. Ja, ist schon bequem, aber nicht gerade eben aufregend. Das ist das, was ich meine mit ‚in der Masse mitschwimmen'. Die Kurve rechts hat eine deutliche Wölbung nach oben. Hier stellt sich jemand dar. Er zeigt, dass er a) präsent ist und b) etwas anderes darstellt, als alle anderen um ihn herum."

„Wenn ich mich wie auf dem Bild rechts dargestellt zeige, falle ich auf. Das ist das Risiko, das ich in genau diesem Augenblick eingehe.

Ich verstehe. Andere können mich nun sehen. Das ist meine Chance zu zeigen, was ich kann oder bieten kann ist deutlich gestiegen."

„Genauso ist es. Nutze die vielen Möglichkeiten, die das Leben bietet. Gerade die heutige Zeit zeigt, dass es immer wieder unerwartet ganz neue Situationen und Herausforderungen gibt, die zuvor in dieser Art einfach niemand gesehen hat. Derjenige, der zugreift, nutzt die Chancen. Das eigene Leben wird abwechslungsreicher und kurzweiliger. Also: Zögere nicht und bewege dich raus aus der Bequemlichkeit."

Mit einem Knall verschwand Winni. Diesmal aber nicht einfach so, sondern wie ein aufgeblasener Luftballon, dem die Luft entweicht und in nicht vorhersehbaren Bahnen durch die Gegend zischt. Sicherlich wollte Winni zeigen, dass er sogar dann Profil zeigen konnte, wenn er die Dialog-Bühne verließ.

Ich ließ mir das Thema Konformität noch einmal durch den Kopf gehen und erkannte an mehreren Beispielen, wie oft ich mich konform verhielt, obwohl es nicht meiner eigenen Meinung entsprach.

So nahm ich mir vor, in Zukunft sensibler mit diesem Thema umzugehen und auch dann meine eigene Meinung zu äußern, wenn es nicht unbedingt dem allgemeinen Trend entsprechen sollte. Das Risiko wollte ich jetzt eingehen.

Ich nahm mir vor, öfter mal den Mund aufzumachen und mich nicht hinter meiner eigenen Bequemlichkeit zu verstecken. Immer schweigen? Nein!

(Liebe Leserin, lieber Leser, ‚versinken' Sie manchmal auch in der ‚bequemen Masse'? Überlegen Sie, in welchen Situationen Sie mehr Profil zeigen wollen. Wo wollen Sie einmal den ‚Mund aufmachen'?)

7. Wohlüberlegt vorgehen – bewusst leben – Das eigene Leben beeinflussen

„Reden ist Silber – Schweigen ist Gold." Da war Winni schon wieder aufgetaucht.

„Du musst mich nicht immer so erschrecken Winni. Ich war gerade in Gedanken versunken."

„Ich weiß, ich weiß. Bitte siehe mir meine Art nach. Danke."

„Na klar doch, Winni."

„Sigi, du weißt, dass nicht gemeint ist, unreflektiert jetzt einfach loszubrechen und überall den Mund weit aufzureißen."

„Ja sicher, ich habe schon verstanden. Da, wo es richtig ist oder dort, wo ich es für richtig empfinde, werde ich Farbe bekennen."

„Das hört sich ausgesprochen gut an. Ich will dir nur noch einen kleinen Tipp dazu geben. Gehe wohlüberlegt vor. Es bringt dir überhaupt nichts, wenn dein Profil so wahnsinnig stark wird. Du sollst anderen keine Angst machen. Oder wieder andere würden dich meiden, weil sie dich überhaupt nicht mehr verstehen können. Bevor du Entscheidungen triffst, überlege zuerst. Aber – dann entscheide! Manchmal ist es nicht so leicht sich zu entscheiden, weil nicht sicher ist, ob die getroffene Entscheidung auch die richtige ist. Da wir unser Leben nicht zeitlich parallel leben können, bleibt uns gar nichts anderes übrig, als dieses Risiko einzugehen."

„Ist mir schon klar, wann ich meinen Mund zu halten habe. Diese Sensibilität schreibe ich mir schon zu."

„Durch das Nachdenken wirst du merken, dass du auch bewusst leben wirst. Das hängt alles mit den beiden Abbildungen zusammen, die ich dir vorhin gezeigt habe. Einmal dieses monotone Leben und einmal das mit Profil.

Wenn die Monotonie den Alltag bestimmt, gibt es fast keinen Grund mehr, besonders aufmerksam zu sein. Der Betreffende wird sich immer gleichförmig verhalten. Sein Leben wird vorhersagbar. Übertrieben ausgedrückt, läuft das Leben nebenher. Das bewusste Agieren tritt in den Hintergrund. Ich könnte auch sagen, der Mensch fängt an, unbewusst zu leben. Oder noch spitzer ausgedrückt, er kriegt gar nicht mehr mit, wie sein Leben verläuft. Ehe er sich versieht, ist sein Leben vorbei."

„Wirklich, Winni, du kannst mir schon Angst machen, wenn ich dich so höre."

„Es liegt mir fern, dir Angst zu machen, Winni. Es geht mir lediglich darum, in diesem Zusammenhang das Wort Bewusstsein noch einmal in den Vordergrund zu schieben. Wir haben an anderer Stelle bereits darüber geredet. Lebe bewusst, genieße das Leben und nutze die Chancen. Dann bist du auf dem richtigen Weg."

„Tatsächlich wird mir das immer klarer, Winni. Es gibt so viele Verhaltensweisen im Leben, die sich eingeschlichen haben und nun einen immer wiederkehrenden Zustand auslösen. So will ich aber nicht leben. Ich nehme mir vor, deutlicher darauf zu achten, was ich mache und wie ich es umsetze. In diesem letzten Satz sollte ich das Wort ich besser betonen. Was ich mache und wie ich es umsetze."

„Na wunderbar, das höre ich gerne. Beeinflusse dein eigenes Leben bewusst so, wie du es für richtig empfindest. Bis bald Sigi." Zack – weg war er.

8. Selbstsicheres Behaupten der eigenen Persönlichkeit versus Selbstzweifel

Ich hatte den Eindruck, dass für Winni immer alles so leicht schien. Tatsächlich gibt es so unglaublich viele äußere Einflüsse im Leben, dass es mir kaum möglich schien, alle Überlegungen, die sich ja sehr vernünftig anhörten, auch tatsächlich immer und überall umsetzen zu können. Musste ich da nicht ins Schwitzen geraten?

Es machte ‚plopp' und Winni stand mir gegenüber. Er schien sichtlich außer Atem. Es dauerte einen kleinen Augenblick, bis er sich im Griff hatte.

„Jetzt habe ich mich aber beeilt", begann Winni das Gespräch. „Da bin ich richtig ins Schwitzen gekommen." Verschmitzt lächelte er mich an. „Sigi du hast völlig recht, dass nicht immer alles einwandfrei und ohne Hindernisse laufen kann. Wäre es so, müssten wir uns über viele Dinge überhaupt keine Gedanken machen. Aber unser Leben verläuft nun einmal anders. Deshalb ist es auch verständlich, dass manchmal Zweifel an unserem Vorgehen aufkommen. Du hast dir sicher auch schon einmal darüber Gedanken gemacht, was du machst, wie du es machst und ob es wirklich immer richtig ist?"

„Ja allerdings."

„Siehst du, so ist das. Es gibt einfach keinen eindeutigen Fahrplan fürs Leben. Vielleicht wäre es ganz nett, wenn in solch einer Checkliste lediglich alle Punkte nach und nach abgehakt werden müssten, um erfolgreich und kritiklos ans Ziel zu kommen. Aber so ist es nun einmal nicht."

„Wenn ich mal richtig ins Nachdenken komme und versuche zu analysieren, ob mein Leben – so wie ich es lebe – wirklich richtig ist, finde ich häufig keine Antwort. Das macht mich traurig und bringt mich in eine negative Stimmung. Ich zweifle dann an meiner Vorgehensweise und schließendlich auch an mir."

„Du darfst davon ausgehen, dass in diesen Phasen dein Selbstwertgefühl sinkt. Es ist absolut in Ordnung, das Leben zu hinterfragen. Es muss uns allerdings auch klar sein, dass es auf bestimmte Fragen im Leben keine Antwort gibt. Vor allen Dingen keine eindeutige Antwort. Wenn dann versucht wird, solch eine Frage als ‚richtig‘ beantwortet zu bekommen, ist das nicht möglich. Dann ist es klar, wenn einer eine leicht traurige Stimmung bekommt, da es auf viele Fragen keine zufriedenstellende Antwort geben kann."

„Soll ich denn etwa aufhören zu denken und mir Fragen zu stellen?"

„Nein, natürlich nicht, Sigi. Du sollst nur an bestimmten Fragekonstellationen nicht verzweifeln und vor allen Dingen diese Verzweiflung nicht auf deine Persönlichkeit übertragen. Das wäre ein Weg, der nicht ins Gute führt. Akzeptiere einiges oder siehe einiges trotz aller Widrigkeiten als positiv an. Konzentriere dich auf das, was du beeinflussen kannst und beantworte das, was sich beantworten lässt. Durch diese Akzeptanz steigert sich deine Selbstsicherheit und du kommst wieder in eine angenehmere Lebenssituation."

„Das kann aber ganz schön anstrengend sein."

„Es hat ja auch keiner gesagt, dass es einfach ist. Dazu ist das Leben viel zu komplex. Um nicht in der Masse zu verschwinden, muss immer wieder die (positive) Darstellung der eigenen Persönlichkeit stattfinden. Zeige dich, behaupte dich gegen alle Widrigkeiten des Lebens. Wir werden später noch über optimistisches Denken sprechen. Du weißt, je mehr du über dich selbst weißt, desto stärker wirst du und kannst dich in diesem Leben behaupten."

„Ich werde mir das alles durch den Kopf gehen lassen. Wir sehen uns bald wieder Winni. Bis dorthin."

Aber Winni war schon verschwunden.

9. Persönliche Integrität

Dieses Mal dauerte es einige Tage, bis sich Winni wieder einfand. Er schien müde zu sein, musste er doch ausgiebig gähnen.

„Winni, nimm wenigstens eine Hand vor den Mund, so wie es sich gehört. Ich kann durch den geöffneten Mund bis zu deinem Blinddarm schauen."

Erschrocken riss Winni eine Hand vor seinen eben noch weit aufgerissenen Mund. „Oh, entschuldige bitte, Sigi. Ich glaube, ich war eingeschlafen. Ich war mir auch gar nicht bewusst, dass du mich so sehen könntest. Aber du hast recht, das ist keine Entschuldigung."

„Schon gut, Winni."

„Ich bin so müde, Sigi. Ich hatte so viel zu tun. Da wo ich herkomme, scheinen die Menschen keine Minute Ruhe zu haben. Dauernd gibt es was zu tun. Dauernd kommt jemand zu mir und will eine Unterstützung von mir haben. Ich bin ja auch nur ein Wesen und benötige mal eine Auszeit." Damit ließ sich Winni in einen Sessel plumpsen.

„Na, dann entspanne dich erst einmal. Was hast du mir denn dieses Mal mitgebracht?" wollte ich wissen.

„Mitgebracht?" fragte Winni gedankenverloren. Er schien wirklich noch nicht richtig anwesend zu sein.

„Winni, jetzt tu' doch nicht so. Ich weiß, dass du immer tolle Themen mitbringst. Also, leg mal los", forderte ich ihn auf.

„Na gut, wenn du meinst." Er schien kurz zu überlegen und fragte dann, plötzlich sich nach vorn auf dem Sessel beugend: „Bist du unbestechlich?"

Bestechlichkeit

Jetzt war ich tatsächlich überrascht. Ich hatte ja mit allem Möglichen gerechnet, aber nicht mit einer Frage zur Bestechlichkeit. Was sollte ich da antworten? „Natürlich nicht, Winni. Jedenfalls hat bisher noch niemand versucht, mich zu bestechen."

„Die Medien präsentieren uns immer mal wieder jemanden, der sich hat bestechen lassen. So selten scheint das eher nicht vorzukommen, Sigi."

„Das mag sein, aber offensichtlich bin ich niemandem eine Bestechung wert."

„Zum Thema Wert kommen wir noch an anderer Stelle", ließ mich Winni wissen. „So weit sind wir heute aber noch nicht."

„Also Bestechlichkeit. Was willst du genau wissen?"

„Ich würde mich heute gerne mit dir über deine Integrität unterhalten. Deshalb frage ich, ob du integer bist."

„Zeige mir ruhig deine Belesenheit, indem du Fremdwörter verwendest, die ich nicht eindeutig zuordnen kann", murrte ich.

„Schon gut, Sigi. Der immer wieder zitierte Duden übersetzt Integrität mit Makellosigkeit, Unbescholtenheit, Unbestechlichkeit und anderen Begriffen. Da es mir bei unserem heutigen Thema nicht auf Makellosigkeit im Sinne von Schönheit oder ästhetischem Empfinden ankommt, fragte ich erst mal nach Unbestechlichkeit. Du hast mir geantwortet, dass du unbestechlich bist."

„Dabei bleibe ich auch."

„Ist es nicht auch so, dass du freundlichen, lächelnden Menschen eher hilfst als solchen, die dir mürrisch gegenübertreten?", wollte Winni wissen.

„Winni, du weißt genau, dass einem freundlichen Menschen eher die Türen geöffnet werden als demjenigen, der mürrisch auftritt. Klar helfe ich dem freundlichen eher als dem anderen."

„Könnte es sein …" Winni schaute unschuldig schräg nach oben an die Decke und drehte Däumchen, um diese Unschuld noch zu verstärken. Er fuhr fort: „… dass du dich durch die Freundlichkeit des Menschen doch beeinflussen lässt? Oder anders gefragt, bestechen lässt?"

„Wenn du es so siehst, dann ja. Dann will ich aber auch ergänzen, dass am laufenden Band und überall bestochen wird." Zufrieden lehnte ich mich zurück, denn jetzt hatte ich ihm ja sozusagen eins ausgewischt mit meiner Argumentation.

Winni blieb ganz ruhig. „Ja, ja, so lässt sich alles zurechtbiegen, wie es einer braucht. Wenn ich deinen Worten folge, würde ein Richter einen freundlichen Angeklagten milder bestrafen als den mürrischen Angeklagten. So ist es also?" Jetzt war es Winni, die letzte Frage lässig zu stellen.

Ich wand mich etwas, denn ich ahnte schon, dass ich hier in eine Falle geraten war. So versuchte ich mich herauszureden. „Als du mich nach Bestechlichkeit fragtest meinte ich, dass jemand mit einem Geldschein winkt und mir diesen verspricht, wenn ich etwas in seinem Sinne unternehme. Die anderen Überlegungen, die du jetzt in das Gespräch einbrachtest, habe ich so gar nicht gesehen."

„Na, lassen wir es einmal so im Raum stehen. Wir beide wissen, was hier gemeint ist."

Ich atmete erleichtert auf.

Unbescholtenheit

Winni fuhr fort. „Dann bleibt mir der Begriff Unbescholtenheit. Würdest du dich als unbescholten bezeichnen, als moralisch einwandfrei handelnd?"

„Winni, du machst es mir heute nicht leicht. Du stellst mal wieder Fragen, die kaum vernünftig zu beantworten sind. Aber ich versuche es trotzdem."

„Versuche?"

„Ja, ich sehe es als Versuch an. Soweit es irgend möglich ist, lebe ich so, dass ich ein sauberes Gewissen haben kann. Ich lasse mich nicht erpressen, denn das würde mein weiteres Leben ständig beeinflussen. Ebenso handele ich nicht illegal und achte alle gesetzlichen Vorgaben. Wo immer es möglich ist, nehme ich mir vor, ,politisch korrekt' zu handeln und zu sprechen. Es ist nicht immer leicht, es möglichst jedem recht zu machen, sodass sich niemand auf die Füße getreten fühlt."

„Das ist alles schon beachtlich, Sigi. Wie sieht es jetzt mit dem moralischen Aspekt aus?"

„Auch hier kann ich bestätigen, dass ich, soweit es überhaupt möglich ist, mich moralisch einwandfrei verhalte. Ich möchte abends mit einem ruhigen Gewissen schlafen gehen. Bisher gelingt mir das ganz gut, auch wenn es manchmal schwierig ist oder ich Verlockungen widerstehen muss."

Ehrlichkeit und Lügen

„Nehmen wir mal an, ich würde dich nach Ehrlichkeit fragen, höre ich schon wie du antwortest, dass du selbstverständlich versuchst möglichst immer die Wahrheit zu sagen.

Trotzdem riskiere ich es dich jetzt einmal zu fragen, wie ehrlich du bist. Oder anders gefragt, wie oft lügst du?"

„Mann-o-mann, wie oft lüge ich?" Ich musste erst einmal überlegen, bevor ich irgendeine Zahl nannte, die Winni garantiert wieder zerpflücken würde. Was sollte ich nur sagen? „Vielleicht fünfmal?"

„Was heißt vielleicht, Sigi, du musst es doch wissen. Oder sind es doch zehnmal?"

„Vielleicht auch zehnmal. Ich weiß das einfach nicht."

Winni lächelte. „Ist ja wirklich interessant, dass du nicht weißt, wie häufig du lügst. Ich werde dir nun eine Zahl nennen, die dich sehr wahrscheinlich erschrecken lässt. Laut Professor Peter Stiegnitz (*1936), ein Lügenforscher aus Ungarn, lügen Menschen etwa 200 Mal am Tag. Nicht fünfmal, nicht zehnmal."

„Ach du lieber Schreck. 200 Mal? Das sieht ja so aus, als gehörte Lügen zum Leben."

200 Lügen am Tag

„Dann kommt noch dazu, dass nach Meinung des Professors Männer rund zwanzig Prozent häufiger die Unwahrheit sagen als Frauen, da Männer angeblich eher erst reden und dann denken. Naja, darüber lässt sich streiten. Er meint sicherlich damit, dass manches unreflektiert geäußert wird, was erst später im Dialog als Fehlaussage und damit gegebenenfalls als Lüge bezeichnet werden kann. Lassen wir es mal so stehen.

Übrigens: Ein Kind beginnt erst im Alter zwischen drei und fünf Jahren zu lügen, sobald es erkennt, dass es sich durch Schwindeln oder Lügen einen Vorteil verschaffen kann. Dies wird ‚Theorie des Verstands' genannt. Lügen als Vorteil, damit hätten wir schon mal einen Grund, weshalb überhaupt gelogen wird."

„Wenn ich es richtig verstehe, lernt das kleine Kind erst im Lauf seines Lebens zu lügen. Von Geburt an sagt es offensichtlich die Wahrheit."

„So scheint es zu sein. Wir wissen, dass das Kleinstkind sich seiner selbst noch nicht bewusst ist. Deshalb kann es auch nicht bewusst handeln und demnach auch nicht bewusst lügen. Ich zeige dir hier einmal eine Aufstellung, wie oft ein Mensch im Lauf seines Lebens lügt."

Baby	3 – 5 Jahre	Erwachsene	Erwachsener	80-Jährige	80-Jähriger
0 Lügen	Vielleicht 10 Lügen am Tag	160 Lügen pro Tag	Angeblich 200 Lügen pro Tag	Hat demnach ca. 4.500.000 Mal im Leben gelogen	Kommt auf etwa 5.500.000 Lügen

„Beeindruckend", stöhnte ich.

Winni hatte kalkuliert. „Bei 7,5 Milliarden Menschen auf dieser Welt sind das 1,5 Billionen Lügen, und zwar täglich; wobei ich den erwachsenen Mann zugrunde gelegt habe."

„Gut, Winni, ich sehe ein, dass der Mensch offensichtlich sehr oft lügt. Und zwar sehr wahrscheinlich deshalb, weil er damit leichter und gegebenenfalls auch erfolgreicher durchs Leben gelangt. Oder?"

„Ja, so scheint es. Dabei gibt es unterschiedliche Gruppen von Lügen: Erstens kann die Lüge bewusst unwahr sein. Ich lüge vorsätzlich. Das heißt, ich bin mir voll bewusst, dass ich gerade lüge. Ich setze die Lüge gezielt ein, um andere zu benachteiligen. Dabei nehme ich bewusst in Kauf, jemandem Schaden zuzufügen. Zweitens kann ich lügen, ohne dass ich es beabsichtige. Ich sage unbewusst die Unwahrheit.

Ich mache eine Falschaussage, wobei ich selbst davon ausgehe, dass sie der Wahrheit entspricht. Drittens kann es sein, dass aufgrund falscher Informationen, die ich übernommen habe, Lügen zustande kamen."

„Mir scheint die erstgenannte die unschöne Lüge. Für die anderen kann ich ja nichts."

„Das ist mit Einschränkungen richtig. Wenn ich mich auf Informationen beziehe, muss ich davon ausgehen, dass diese stimmen. Damit ich nicht selbst als Lügner dastehe, wenn später herauskommt, dass meine Aussagen nicht stimmten, ist es auf jeden Fall empfehlenswert, immer die Quellen zu nennen, woher das eigene Wissen kommt. Dadurch kann ich mich – zumindest moralisch – absichern. Denke mal an unser Gespräch von vorhin über moralische Integrität."

„Ich sehe den Zusammenhang."

„Nichtwissen schützt nicht. Das sahen schon die alten Römer so, von denen der Spruch ‚Ignorantia legis non excusat' überliefert ist: Unwissenheit schützt vor Strafe nicht."

„Damit ich also nicht aus Versehen lüge, da ich mich auf ein Fehlwissen beziehe, müsste ich meine Aussagen immer wieder einschränken? Zum Beispiel: ‚Da und da habe ich gelesen, dieser oder jener habe etwas getan.'"

„Zumindest würdest du dann kein Gerücht in die Welt setzen. Soweit ist das in Ordnung."

„Die erstgenannte Gruppe der Lügen macht mir nach wie vor zu schaffen. Denn wenn ich es mir genau überlege, müssten dort Notlügen ja auch dazugehören. Die Notlüge heißt nicht umsonst genau so, weil ich meinen Gesprächspartner nicht in eine unangenehme Situation versetzen will."

„Ja Sigi. Es heißt ja landläufig, dass Notlügen erlaubt seien. Lass uns deshalb festhalten, dass eine Notlüge wirklich nur in einer Notsituation geäußert werden soll. Je häufiger solch eine Notsituation entsteht, umso unehrlicher wird natürlich das Zusammensein. Dann kreuzen wir wieder das Thema Ehrlichkeit."

„Das ist ja wieder mal kompliziert."

„Ich zitiere die ‚Welt am Sonntag' vom 23.08.2015", sprach Winni und zog eine Zeitung von irgendwo her. Er las: „Schwindeln macht das Sozialleben erst erträglich. Sogar in der Beziehung ist es mitunter ratsam, die Wahrheit zu vertuschen."

„Siehst du!"

„Wenn ich schon mal dabei bin, mein Wissen vorteilhaft darzustellen, will ich dich auch noch darauf hinweisen, dass Gesichtsbewegungen verraten können, ob einer lügt."

„Na, jetzt wird es ja ungemütlich", murmelte ich.

Winni beachtete meinen Einwurf nicht im Geringsten. Er dozierte: „Der US-Emotionsforscher Paul Ekman (*1934) fand heraus, dass sich auch bei bewusst eingesetztem Mienenspiel unwillkürliche – und damit nicht kontrollierbare – Gesichtsbewegungen einmischen. Diese halten – laut Ekman – etwa eine dreißigstel Sekunde an und sind für den Laien so gut wie nicht bewusst zu erkennen. Er bezeichnet das als ‚Microexpressions'. Ekman behauptet sogar, dass es 35 Indizien der Mimik, Gestik oder Stimme gibt, die auf eine Lüge hinweisen können." Winni legte eine Pause ein, um seine Aussage wirken zu lassen. Dann ergänzte er: „Denke daran, dass die Mimik ein wichtiges Element der Körpersprache ist und vom Gegenüber meist unbewusst, aber auch meist richtig, gedeutet wird."

„Ich nehme es mir zu Herzen."

„Wenn du die innere Bereitschaft mitbringst, ehrlich mit dem Gegenüber umzugehen, spiegelt sich das in deiner Körpersprache wider. Sei, wo irgend es geht, ehrlich und authentisch, was bedeutet, dass du dich nicht verstecken musst. Dann wird diese Haltung auch von anderen erkannt."

„Damit ist meine persönliche Integrität wahrnehmbar?"

„Ich will deine Frage mit ja beantworten. Sei ehrlich zu dir und zu anderen. Dein soziales Umfeld wird das erkennen und deine Freunde werden es wertschätzen."

Winni drehte sich um, winkte mir mit einer Hand zu, wobei zwei Finger das Victory-Zeichen zeigten, verschwand und ließ mich mit meinen Gedanken alleine zurück.

10. Optimistische Grundeinstellung

Einige Tage später war Winni plötzlich wieder da und fing unvermittelt mit einem Dialog an. „Vor einigen Jahrzehnten war es üblich, einer Testperson ein halbgefülltes Wasserglas zu zeigen mit der Frage, was die Person sehe. Antwortete eine befragte Person ‚ich sehe ein halbleeres Glas' wurde sie als pessimistisch denkende Person abgetan. Lautete die Antwort hingegen ‚ich sehe ein halbvolles Glas' wurde die Person als optimistisch denkend bezeichnet. Ich gehe davon aus, dass es diesen Test nicht mehr gibt, denn er ist mittlerweile zu bekannt."

„Kommt ja auch ein wenig auf die eigene Stimmung an, ob ich das Glas als halb voll oder als halb leer bezeichne", warf ich ein.

„So ist es, Sigi. Mal ist einer in einer leicht angehauchten depressiven, mal in einer euphorischen Stimmung. Es kommt auf die Grundhaltung des Betrachters an.

So sieht er das Glas verschieden gefüllt. Auf dieses hin und wieder kommt es selbstverständlich nicht an, denn es drückt ja tatsächlich nur die aktuelle Stimmung aus. Sollte bei mehreren Situationen immer eine vergleichbare Antwort gegeben werden, darf tatsächlich von einer Lebenseinstellung gesprochen werden."

„Wenn ich also immer wieder ein Glas nur halb leer sehe anstatt halb voll, heißt das, dass ich eher eine negative oder traurige Lebenseinstellung habe?"

„So könnten wir das verallgemeinern. Höre einem Gesprächspartner genau zu und du wirst schnell heraushören, wie seine Stimmung ist. Es kommt nicht auf die Stimmung an, die er uns vermitteln will, sondern die Einstellung zur Situation, zu einem Projekt, zu dem Ergebnis oder tatsächlich auch zum Leben. Es ist nicht unsere Aufgabe, einen anderen zu belehren oder ihn in eine grundlegende Einstellung zu bringen. Allerdings können wir an uns selbst und der eigenen Einstellung arbeiten."

Positiv denken und handeln

„Ja Winni, da sind wir dabei. Ich will ja mein Selbstwertgefühl steigern. Ich kann mir gut vorstellen, wenn ich immer wieder das Traurige oder das Unangenehme im Leben sehe, dass meine Gefühlsempfindungen ebenso eher in die traurige Kategorie fallen. Das ist nicht schön."

„Du sagst es, Sigi. Damit ist die Konsequenz auch schon ganz klar und eindeutig. Derjenige, der es schafft, eine optimistische Grundeinstellung im Leben zu schaffen, wird viel angenehmere Gefühle wahrnehmen. Der Urlaub ist nicht zur Hälfte vorbei, sondern eine Hälfte steht noch bevor. Lass uns Ansichten drehen und von der positiven Seite betrachten, dann beeinflusst das auch unsere Stimmung.

Geschieht mir viel Angenehmes – Achtung ich beeinflusse das durch meine eigene optimistische Grundeinstellung – habe ich häufiger Gründe mich zu freuen, zu lachen und mich überhaupt meines Daseins zu erfreuen. Ich spüre meine Wertigkeit in meinem eigenen Leben, was mein Selbstwertgefühl steigern lässt."

„Ich kann aber nicht den ganzen Tag nur grinsend durch das Leben schreiten."

„Sigi, du weißt genau, dass das nicht gemeint ist. Natürlich gibt es mal ein Hoch und mal ein Tief im Leben. Das haben wir schon mehrfach besprochen und darauf werden wir auch immer wieder kommen. Es geht hier um eine sogenannte Grundeinstellung. Schaffe ich es, die schönen Dinge im Leben zu sehen oder besser ausgedrückt, wahrzunehmen, beeinflusse ich mein Leben unglaublich. Die positive Grundeinstellung hilft, echte Herausforderungen viel leichter zu meistern, wenn ich locker an sie herantrete."

„Dann will ich noch einmal betonen, dass ein Gewinner sowieso schon eine positive Ausstrahlung hat, allein durch die Erkenntnis, dass er ein Gewinner ist."

„Ich bin beeindruckt", hörte ich Winni noch sagen, bevor er sich in seine Welt auflöste.

(Liebe Leserin, lieber Leser, wenn Sie möchten, wandeln Sie eine ‚schwache' Ansicht in einen Gedanken um, der als ‚Positiv denken' bezeichnet werden könnte.)

Teil 2

Werde aktiv!

Kreativ sein – Ideen finden

Das Gehirn einsetzen

Die Sicherheit in der Unsicherheit zu finden – das fördert die Kreativität.
Corny Littmann (Cornelius Littmann), dt. Schauspieler
(*1952)

1. Neugierig sein

Wunderbar, hatte ich gut geschlafen! Ich streckte meine Arme aus und gähnte ausgiebig. Wie schön kann das Leben doch sein. Was es wohl heute bringen wird? Ob es wohl Neues geben wird? Oder bleibt alles beim Alten? So lange, wie es die Menschheit schon gibt, müsste ‚eigentlich' schon alles erfunden und erlebt sein.

Weshalb macht es sich der Mensch dann nicht einfach und genießt sein Dasein? Er müsste sich doch gar keine Gedanken mehr über seine Zukunft machen. Weshalb immer Neues erfinden und erleben?

„Weißt du, Sigi", riss Winni mich aus meinen Gedanken. „Da wo ich herkomme, sind die Leute echt kreativ. Ich will mal sagen, fast schon verrückt in ihren Ideen. Die probieren alles aus, egal, was ihnen in den Kopf kommt. Da kann ich manchmal nur mein Haupt verzweifelnd schütteln. Warum soll einer an der Decke laufen können, frage ich dich? Nur, damit er leichter die Deckenbeleuchtungen austauschen kann? Wie verrückt! Da gibt es doch einfachere Möglichkeiten! Oder plötzlich wollen sich alle die Fußnägel grün und quergestreift lackieren. Grün! Wie kann einer nur auf so eine blöde Idee kommen? ‚Farb-Akzente setzen' höre ich dann. ‚Mal anders sein als die anderen', wird mir gesagt. Aha! Anders als die anderen? Dass ich nicht lache – dann laufen alle mit grünen Fußnägeln rum. Wo ist die Individualität geblieben? Nein – ich muss weg!"

„Halt!" rief ich aus. „Dageblieben, lieber Winni. Wie kommst du jetzt gerade auf das Thema Kreativität?"

„Du hast dir Gedanken gemacht, ob der Mensch nicht einfach so leben soll, wie er es tut. Du stelltest dir die Frage, weshalb der Mensch immer Neues erfinden soll? Stell' dir doch vor, wie wir heute lebten, hätten nicht unsere Vorfahren vor vielen, vielen Jahren immer wieder Neues entdeckt und erlebt. Weshalb wohl? Nun, zunächst einmal deswegen, weil sie neugierig waren. Offensichtlich hat es die Natur so eingerichtet, dem Menschen die Gabe der Neugierde zu schenken."

„Die Neugierde hilft dem Menschen, sich weiterzuentwickeln?"

„Ja natürlich, Sigi. Schon das Kleinkind versucht, seine Umwelt mit allen fünf Sinnen zu erkunden und zu erfassen. Ständig müssen die Eltern darauf achten, dass sich das kleine Kind bei seinen Entdeckungen nicht selbst in Gefahr bringt. Nur durch diese angeborene Neugierde entwickelt sich das Kind. Es lernt dazu und wird es dadurch später schaffen, ein erfolgreicher und selbstbewusster Mensch zu werden."

„Winni, du sagst selbst, dass das Kind sich dadurch in Gefahr begibt. Demnach müsste die Neugierde doch eher kritisch zu betrachten sein. Ohne den Schutz der Eltern riskiert das Kind, sich ernsthaft zu verletzen."

„Da hast du selbstverständlich recht, Sigi. Ohne Neugierde würde das Kind niemals den Drang haben, andere Dinge zu ertasten oder Kontakt zu anderen Lebewesen aufzunehmen. Es braucht diese Neugierde, um seinen Weg im eigenen Leben zu finden."

„Das sehe ich ein", gestand ich zu. „Aber da die Neugierde offensichtlich einen Teil der Entwicklung darstellt, und sie andererseits sozusagen von innen heraus auftritt, muss ich ja weiter gar nichts tun, um mich zu entwickeln."

„Da magst du recht haben, Sigi. Es kann sein, dass diese Vorgehens-weise bereits genügt, um zufriedenstellend zu leben. Du wärest zwar aktiv, aber nicht aus gezielter Überlegung. Du kannst problemlos ei-nen deutlichen Schritt weitergehen, um aus einem zufriedenen Leben ein glückliches zu machen."

„Da bin ich gespannt."

2. Kreativ sein

„Das kannst du auch, Sigi. Es ist ganz einfach." Daraufhin zauberte Winni ein belegtes Brötchen von irgendwo her. Genüsslich biss er hin-ein und mit halbvollem Mund fuhr er mit seinen Erklärungen fort.

Er deutete mit seinem Zeigefinger direkt auf mich und sagte: „Du, mein lieber Sigi, du allein musst aktiv werden. Wie in vielen anderen Punkten auch, die wir bereits an anderer Stelle besprochen haben, bist du für dein eigenes Leben verantwortlich. Das bedeutet dem-nach, dass du kreativ werden sollst."

„Da machst du es dir wieder einmal ganz schön einfach, Winni. Mir hier eben mal wieder eine Aufgabe zuschieben – und du willst nichts damit zu tun haben. Ich soll kreativ werden. O. k., und wie mache ich das?"

„Na gut", fuhr Winni fort, nachdem er sich ausgiebig Zeit gelassen hatte, ein Stückchen seines Brötchens genüsslich zu kauen und runterzuschlucken. „Den ersten Punkt, um ein kreatives Verhalten zu zeigen, haben wir schon besprochen. Du musst neugierig sein. Das bedeutet, dass du immer nach neuen Möglichkeiten suchst. In dem Augenblick, in dem du dich auf dem Erreichten ausruhst, schläft deine Kreativität sofort wieder ein. Ein kreativer Mensch gibt sich nicht mit den bestehenden Lösungen zufrieden. Er sucht immer nach Alternativen, nach neuen Möglichkeiten und zieht sofort viele Varianten in Betracht. Dabei bringt er auch die Bereitschaft mit, alles Übrige infrage zu stellen."

„Meinst du nicht Winni, dass wir dann eher einen Nörgler vor uns haben?"

„Der Nörgler kritisiert alles Mögliche. Er macht aber nichts dafür, neue Lösungen zu finden. Das unterscheidet ihn ganz deutlich vom kreativen Typen."

„Das heißt, dass ich zwar nörgeln darf, gleichzeitig aber nach Lösungen oder Alternativen suchen soll?", meinte ich nachdenklich.

„Ja, lass es uns so sehen. Stelle dir ständig unbequeme Fragen, sodass es dir gelingt, immer wieder über deinen aktuellen Lebensweg nachzudenken. Bringe das in Zusammenhang mit den Punkten, die wir früher schon einmal bei dem Kapitel Motivation überlegt haben."

3. Kindliche Begeisterungsfähigkeit bewahren

Winni hatte endlich sein Brötchen aufgegessen, sich den Mund abgewischt und sich bequem hingesetzt. Er sagte:

„Lass uns noch einmal das Kleinkind betrachten. Das Kind lässt sich gerne mit vielerlei Aktionen begeistern. Immer wieder etwas Neues, was das Kind zum Lachen bringt und es laute Begeisterungsrufe ausstoßen lässt. Beim erwachsenen Menschen ist das weniger zu beobachten. Woran liegt das?" Winni schaute mir jetzt direkt fragend in die Augen.

„Tja, die Frage ist gut. Wie lautet nun meine Antwort? Liegt es möglicherweise daran, dass der Erwachsene schon alles erlebt hat? Deshalb muss er sich nicht für etwas begeistern, was ihm eh schon bekannt ist."

„Das ist ja interessant", entgegnete Winni und setzte sich mit geradem Rücken auf. „Das trifft ja fast den Nagel mitten auf den Kopf. Wir könnten sagen, dass der Erwachsene – natürlich immer mit Ausnahmen – schon alles Mögliche erlebt hat und ihn demnach wenig Neues überrascht und begeistert." Winni legte eine kurze Pause ein. „Das ist genau der Punkt! Weshalb nimmt der Erwachsene wenig Neues wahr? Könnte es sein, dass er sich in seinem Leben so bequem eingerichtet hat, dass er keinen Bedarf spürt, seine Neugierde auszuspielen, um über seinen bisherigen gedanklichen Horizont herauszukommen? Das ist eine bequeme Vorgehensweise und zeigt wenig Risiko. Aber – es kollidiert sofort wieder mit der Überlegung zur Kreativität."

„Da stimme ich zu", antwortete ich kopfnickend.

„Damit sich der Erwachsene nicht in seinem bequemen Leben und seinen eigenen vier Wänden unveränderlich einnistet, soll er ja gedankliche Rahmen sprengen. Einfacher wird es für ihn, wenn er sich eine, nennen wir es einmal, eine kindliche Begeisterungsfähigkeit beibehalten hat. Wohlgemerkt auch als Erwachsener. Er kann sich an kleinen Dingen erfreuen und sucht immer nach etwas Neuem, nach bisher nicht Erlebtem und zeigt damit die Offenheit nach anderem. Damit ihm das gelingt, braucht er auf der einen Seite Spaß am Leben und, wenn wir es auf den beruflichen Bereich transferieren, ebenso Spaß an der Arbeit."

„Braucht er dann nicht auch den Austausch mit anderen?" wollte ich wissen.

„Na klar, der kreative Kopf sucht den ständigen Austausch mit seinem sozialen Umfeld. Er bringt gleichzeitig eine gewisse Intelligenz mit und eine Empathie, das heißt, er kann sich in die Gedankenwelt seines Gegenübers versetzen."

4. Konventionelles überdenken

„Das sind schon eine ganze Menge Kriterien, die der, wie du ihn nennst, kreative Kopf braucht."

„Ja, ja. Ich sage ja keineswegs, dass die Kreativität einem einfach so zufällt. Wir erkennen ja durch unsere bisherigen Überlegungen zum Thema Kreativität deutlich, dass die eigene Aktion gefragt ist. Ich wüsste jetzt auf Anhieb nicht zu sagen, wie einer durch ein passives Verhalten kreativer werden könnte."

„Ja Winni, das habe ich ja bisher alles verstanden. Wenn ich mir aber so die Menschheit anschaue, muss ich sagen, dass ich nicht überall die Kreativität erkenne."

„Bingo!" Winni strahlte. „Sigi, es gefällt mir, wie du denkst. Ich sehe deutlich, wie du dich zu einem kreativen Typen entwickeln kannst. Also, lass uns weiterdenken. Es ist schön, Geleistetes zu wertschätzen. Es ist schöner, Neues zu erreichen. Dazu gehört, dass wir eine konventionelle Vorgehensweise, also eine, der wir seit Jahren folgen, hin und wieder infrage stellen. So könnten wir uns zum Beispiel fragen, ob wir zur Erreichung desselben Ziels nicht ganz einfach neue Wege gehen können. So ganz nebenbei lässt sich damit erreichen, Vorgehensweisen zu finden, die gegebenenfalls weniger Zeit, weniger Geld oder weniger Energie erfordern. Damit es gelingt, unkonventionell zu denken, muss der kreative Kopf flexibel denken. Er darf auch ‚verrückt‘ denken."

„Verrückt?", fragte ich verwundert nach.

„Unter dem Begriff verrückt verstehe ich in diesem Zusammenhang, anders zu denken als gehabt. Immer dann, wenn ein Mensch anders denkt als bisher, kann es sein, dass sein soziales Umfeld meint, er sei verrückt. Ich höre regelrecht, wie dann Menschen sagen: ‚Das haben wir immer schon so gemacht‘. Oder: ‚Das haben wir noch nie gebraucht.‘ Bestimmt hast du solche Aussagen auch schon einmal gehört."

„Na klar", stimmte ich zu. Wie viele Leute haben damals gesagt ‚Wozu brauche ich ein mobiles Telefon‘? Oder: ‚Weshalb soll ich mich an einem sozialen Netzwerk beteiligen? Ging bisher auch ohne.‘ Ich kenne viele, die so dachten und denken."

„Dächten alle Menschen so, säßen wir jetzt bei den Neandertalern in der Höhle und pulten uns die Fleischreste aus den Zahnzwischenräumen."

Bei diesem Gedanken musste ich laut auflachen.

5. Perspektiven wechseln

Winni fuhr fort: „Also, der kreative Kopf braucht den Austausch mit Andersdenkenden. Je mehr Ideen er hört, desto mehr Ideen kommen ihm in den Kopf. Er hat die Fähigkeit, verschiedene Einfälle problemlos zu kombinieren. Er wechselt spielerisch die Perspektiven."

„Was heißt das?"

„Das heißt, dass er sich problemlos in die Rolle eines anderen versetzen kann. Geht ein Beschäftigter beispielsweise zu seinem Vorgesetzten, um dort einen Vorschlag zu unterbreiten, sollte er sich vorher überlegen, wie der Vorgesetzte möglicherweise reagieren könnte. Eine Vorgehensweise liegt darin, dass er sich vorstellt, selbst der Chef zu sein. Wie würde er reagieren, käme sein Mitarbeiter mit ebendem Vorschlag zu ihm? Wo sieht er Einwände, Vor- und Nachteile? Wenn sich der Beschäftigte vor dem Gespräch mit dem Vorgesetzten gedanklich durch solch einen Rollentausch vorbereitet hat, kann er leichter erkennen, welche Fragen oder Vorschläge sein Vorgesetzter kritisch betrachten wird. Demnach kann er – vor dem Gespräch! – gezielt überlegen, wie er auf mögliche Einwände des Chefs reagieren kann. Er ist demnach besser vorbereitet als vorher. Die Wahrscheinlichkeit, dass er mit seinem Vorschlag einen Erfolg erzielt ist deutlich größer."

„Das ist ja interessant. Von dieser Seite habe ich mir das noch nie betrachtet, Winni. Das würde mir ja bei jedem möglichen Verkaufsgespräch einen immensen Vorteil verschaffen."

„Richtig, Sigi. So wie das Verkaufsgespräch, ist ebenso das Bewerbungsgespräch gemeint sowie das Gespräch, um meinem Gegenüber eine Idee, eine Sache oder eine Dienstleistung näherzubringen."

„Winni, ich muss sagen, dieser Punkt gefällt mir ausgesprochen gut. Er scheint so naheliegend und ich muss mich nun selbst wundern, dass ich vorher nie so gedacht habe."

„Das freut mich sehr zu hören, Sigi. Deshalb tauschen wir uns ja über dieses Thema aus. Viele kritische Situationen könnten deutlich entspannt werden, wenn die eine Seite sich in die Gedankenwelt des anderen hineinversetzen könnte. Mache dir bei Gelegenheit doch einmal Gedanken, wie viele Kriege auf dieser Welt zurzeit geführt werden. Oftmals deswegen, weil die zwei beteiligten Parteien ganz andere Vorstellungen von der Realität haben. Vernünftig sind die, die sich erst einmal deutlich die Zeit nehmen, sich zu überlegen, weshalb der andere unzufrieden ist. Weiter: Die, die sich die Zeit nehmen, in einem Gespräch Unklarheiten zu klären, bevor sie aufeinanderzuschlagen." Mit einem Plopp war Winni verschwunden.

Ich musste noch eine ganze Weile über die letzten Worte nachdenken. Sollte wirklich alles so einfach sein? Tatsächlich fielen mir Beispiele aus meinem eigenen Leben ein, in denen es nur aufgrund von Kleinigkeiten zu Auseinandersetzungen beziehungsweise Konfliktsituationen kam. Manchmal sogar nur aufgrund von Missverständnissen. Manchmal auch deswegen, weil der eine den anderen falsch verstanden hatte. Nein, ich korrigierte mich, nicht falsch, sondern anders verstanden hatte. Wie harmonisch müsste doch das Leben in dieser Welt sein, gäbe sich jeder etwas mehr Mühe, den anderen zu verstehen. Aber, können wir das von anderen verlangen?

Wir können es zumindest von uns selbst verlangen. So nahm ich mir vor, ab sofort deutlicher, ja sensibler, zu sein, wenn ich Aussagen meines Gegenübers wahrnehmen würde, die mir auf Anhieb unsympathisch erscheinen würden. Vielleicht wird es nur an unterschiedlicher Betrachtungsweise liegen. Jedenfalls werde ich in Zukunft häufiger die Perspektive wechseln.

6. Divergentes Denken – Kreuz- und Querdenken

„Sigi, ich mache dir jetzt einmal einen Vorschlag: Lass uns mal wieder ein Fremdwort einwerfen."

„Wenn du meinst."

„Ich nehme jetzt einmal den Begriff ‚divergentes Denken'. Ich frage dich nicht, was darunter zu verstehen ist."

Ich stöhnte erleichtert auf.

Winni fuhr fort. „Edward de Bono hat diesen Begriff im Jahre 1967, der auch als ‚laterales Denken' gebräuchlich ist, eingeführt. Edward de Bono, der 1933 auf Malta geboren wurde, ist ein Kognitionswissenschaftler. Diese Wissenschaft befasst sich mit der Erforschung bewusster Denkvorgänge. Das divergente Denken ist im Gegensatz zum ‚konvergenten Denken' zu sehen. Bei der letztgenannten Form wird logisch rational gedacht und – bildhaft gesprochen – in eine Richtung vorgegangen. Das divergente Denken ist als kreativer zu bezeichnen und bewegt sich in verschiedenen Himmelsrichtungen gleichzeitig."

„Ich bin mir nicht sicher, ob ich wirklich verstanden habe, was du meinst", flüsterte ich unsicher.

„Das kann ich verstehen, Sigi. Ich will dir das einmal an zwei einfachen Zeichnungen demonstrieren." Winni sprang auf, schwenkte mit

der Schwanzspitze und schon zauberte vor uns beiden eine hologra-
phische Zeichnung in die Luft.

„Dieser Pfeil soll darstellen, dass ich (links) beginne zu denken und
dann gradlinig eine Lösung suche. Die finde ich an der Pfeilspitze o-
der, wenn die Herausforderung etwas komplexer ist weiter dahinter."

„Ja, verstehe ich."

„Und nun schauen wir mal die
andere Art des Denkens an." Ein
erneuter Peitschenhieb mit der
Schwanzspitze ließ eine weitere
Darstellung erscheinen.

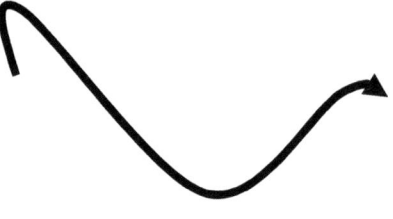

„Ui", rief ich aus. „Das sieht ja sehr dynamisch aus."

„Oder so."

„Wow!"

„Oder doch vielleicht so!" Und noch ein Bild entstand.

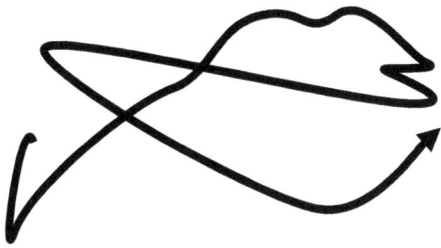

„Übertreibst du nun nicht etwas, Winni?" Ich versuchte Winni etwas zu zügeln, denn dieser schien richtig aufzugehen in seiner Fantasie. „Das sieht sehr kreuz und quer aus, richtig ungeordnet."

„Genau!" Winnie rief laut aus und klatschte in die Hände über diesen Einwurf. „Das meine ich ja. Und Edward Bono auch. Nicht nur in eine Richtung vorgehen, sondern viele Richtungen betrachten, nutze das komplette Spielfeld aus. Denke nach vorn, nach hinten, hoch, zurück. Gehe spielerisch vor, weiche bewusst vom Thema ab, erkenne und akzeptiere Widersprüche, die dich aber nicht aus dem Konzept werfen müssen. Erfinde einfach neue Wege zu denken und im übertragenen Sinne zu gehen. Es gibt nicht nur <u>eine</u> richtige Lösung, sondern <u>viele</u> originelle Lösungen."

„Meinst du nicht, dass diese Art des Kreuz- und Querdenkens mehr Zeit in Anspruch nimmt?"

„Selbst wenn es so ist, kann es doch viele Vorteile bringen, da ich durch das Kreuz- und Querdenken gedanklich viel mehr Optionen bearbeite. Damit erhöht sich die Wahrscheinlichkeit, dass ich eine Lösung finde. Vielleicht sogar eine andere, eine neue und im Idealfall sogar eine bessere Lösung."

„Gut, das leuchtet mir ein."

„Lass uns in diesem Zusammenhang tatsächlich vom Querdenken sprechen. Derjenige, der als Querdenker bezeichnet wird, scheint den sauberen Gedankenpfad zu stören, schafft es aber in Realität, unendlich viele weitere Aspekte zu beleuchten. Wir können davon ausgehen, dass er im Leben erfolgreicher sein kann, zumindest was das Thema Kreativität und eventuell auch den Bereich ‚glücklich sein‘ bedeutet."

„Du meinst also, ich solle häufiger einmal querdenken?"

„Das kann ich nur mit einem deutlichen Ja beantworten. Allerdings: Manche bezeichnen sich als Querdenker, nur deswegen, weil sie kategorisch <u>gegen</u> etwas eingestellt sind. Das hat mit dem ‚echten‘, kreativen, konstruktiven Querdenken nichts zu tun."

„Gut Winni, ich verspreche, dass ich es zumindest versuchen werde; nein ich verbessere mich: Ich werde gezielt hin und wieder querdenken."

7. Denkhüte

Kaum glaubte ich, mal etwas Ruhe zum Nachdenken zu haben, tauchte Winni schon wieder auf.

„Schau mal, was ich hier habe!"

„Einen Hut!" Ich war verwundert. „Wo hast du den denn her?"

„Da wo ich herkomme, gibt es einige, die tragen Tag und Nacht einen Hut. Also genau genommen setzen sie ihn nachts natürlich ab. Aber tagsüber treten sie immer mit einem Hut auf. Und zwar mit solch einem, den ich in der Hand habe."

„Nun, wem es gefällt …"

„Weißt du, Sigi", fuhr Winni belehrend fort „diese Hüte gibt es in sechs verschiedenen Farben."

Ich zählte auf: „Grau, Blau, Rot, Grün, Weiß, Gelb", weil ich plötzlich die Hüte alle vor mir sah.

„Sehr richtig", lobte Winni. „Genau genommen ist der erste Hut nicht grau sondern schwarz. Er ist nur schon etwas verblasst. De Bono hat ihn als schwarz beschrieben."

„Edward de Bono? Was hat der denn damit zu tun?"

Der kritische schwarze Hut

„Das will ich dir erklären. Setze doch bitte mal diesen schwarzen Hut auf oder von mir aus den grauen." Winni reichte mir den Hut. Diesen setzte ich auf. „Sehr gut." Dieses Lob war überflüssig, denn so schwierig war es ja nun wirklich nicht, einen Hut auf den Kopf zu setzen. Winni fuhr fort. „Jetzt brauche ich einmal deine Vorstellungs-kraft, lieber Sigi. Denke an das Querdenken, über das wir vorhin spra-chen. Nehmen wir einmal an, du wärst jetzt ein sehr kritisch denken-der Mensch, der die oben genannte Idee ebenso kritisch betrachtet. Welche Einwände fallen dir zum Querdenken ein?"

„Na eine ganze Menge", entgegnete ich und fing an aufzuzählen. „Viel Zeitaufwand, ablenken lassen, von anderen nicht verstanden werden, mit Gedanken dauernd hin und herspringen …"

„Super, Sigi. Das hat schon gut geklappt. Nun bitte ich dich, den schwarzen Hut gegen den gelben auszutauschen. Setze ihn jetzt auf."

Der optimistische gelbe Hut

Ich tauschte die beiden Hüte aus. „Schön. Und jetzt?" wollte ich wissen.

„Nun hast du den sonnigen, gelben Hut aufgesetzt. Wir bleiben beim Thema. Jetzt bitte ich dich, alles positiv zu betrachten."

„Du meinst beim Querdenken?" versicherte ich mich.

„Ja."

„Nun, die Vorteile liegen ja sozusagen auf der Hand. Ich sehe viel mehr Lösungsmöglichkeiten als vorher. Ich schaffe es, ein Problem beziehungsweise eine Herausforderung von verschiedenen Seiten zu betrachten. Ich kann auf Lösungen kommen, die ich nach üblicher Denkweise nie gefunden hätte. Ich habe ...'

Winni unterbrach mich „Gut, gut. Das klappt ja wunderbar. Merkst du, was geschehen ist? Du bist nach wie vor dieselbe Person, hast aber einmal aus kritischer Sichtweise und einmal aus positiver Sichtweise dasselbe Thema betrachtet. Dabei kommst du zu ganz verschiedenen Ergebnissen."

„Interessanterweise ging das sofort, also schnell und ohne dass ich mich anstrengen musste", freute ich mich.

„Das ist der große Vorteil bei dem Modell der Denkhüte von Edward de Bono. Alleine aufgrund der recht simplen Übung, einen andersfarbigen Hut aufzusetzen, kann ich die eigene Sichtweise äußern ohne störende Einflüsse von innen oder außen. Ich schaffe es problemlos, mich in die jeweilige Rolle zu versetzen."

Ich war neugierig. „Welche Bedeutung haben die anderen vier Hüte?"

Der sachliche weiße Hut

„Der weiße Hut betrachtet alles sachlich. Er geht in seinen Überlegungen objektiv und analytisch vor. Er achtet auf fehlende Informationen oder weist gegebenenfalls auf Lücken hin. Auch bringt er Zahlen und Fakten ein. Er stellt sozusagen die rational denkende Gehirnhälfte dar."

„Sozusagen eher der trockene Typ?"

„Von mir aus ja, so lange du die Eigenschaft ‚trocken' neutral betrachtest."

Der kreative grüne Hut

„Was bedeutet der grüne Hut?"

„Der grüne Hut denkt ausgesprochen kreativ. Er findet ständig neue Varianten und zeigt immer wieder Alternativen auf. Er lässt sich von Nachteilen oder möglichen Risiken nicht ablenken. Manchmal schießt er auch deutlich über das Ziel hinaus, da er keine gedanklichen Grenzen beachten muss."

„Er darf also auch mal ‚spinnen'?"

„So könnten wir es sagen. Als du den gelben Hut aufhattest, warst du ebenso kreativ, bliebst in deinen Gedanken aber realistischer als mit dem grünen Hut. Mit dem gelben Hut suchst du Vorteile, unterstützt geäußerte Ideen und verbreitest Optimismus. Der grüne Hut ist viel sprunghafter, er geht manchmal sogar ins visionäre Denken."

Der emotionale rote Hut

„Was ist mit dem roten Hut? Bringt der Aggression in die Überlegungen?"

„Aggression ist hier nicht das passende Wort. Der rote Hut hat die Kraft, deutlich Nachteile zu erkennen und zu benennen. Beachte bitte, dass der schwarze Hut Risiken und Schwierigkeiten nennt, aber eher in destruktiver Art betrachtet. Er versucht nicht, zielorientiert vorzugehen. Im Gegenteil – er hätte nichts dagegen, würden die vorhandenen Ideen zerstört. Der rote Hut will die Gedankengänge nicht zerstören. Im Gegenteil: Er will Störendes aufzeigen, das die Weiterentwicklung einer Idee kaputtmachen könnte. Er weist auch auf störende Gefühle von innen und außen hin. Unter innen meine ich, Gefühle die aus der Person entstehen. Außen bedeutet die Gefühle, die uns aufgrund von Verhalten anderer aufgedrückt werden. Der rote Hut weist auch auf echte mögliche Nachteile hin."

„Das ist ja alles unglaublich interessant. Jetzt bleibt uns ja nur noch der blaue Hut. Ich bin gespannt."

Der ordnende blaue Hut

„Stelle dir einen strahlend azurblauen Himmel vor. Nimm gedanklich eine Vogelperspektive ein. Betrachte alle gesammelten Pros und Contras, ohne die eine Seite zu rechtfertigen oder die andere kritisch zu betrachten. Der blaue Hut zeigt nun gesammelt die Vor- und Nachteile auf. Im Idealfalle sammelt er alle Punkte oder gruppiert sie sogar, um eine bessere Übersicht zu erhalten. Er schafft es nun, Vor- und Nachteile gegeneinander abzuwägen. Das Ergebnis kann er zielorientiert darstellen."

„Ich bin echt baff", fand ich mich genötigt zu sagen. „So habe ich ja noch nie gedacht. Welchen Hut soll ich mir denn bei irgendeiner Herausforderung aufsetzen?"

„Nach de Bono setzt du jeden Hut nacheinander auf. Eine bestimmte Reihenfolge ist nicht vorgesehen, wobei ich es sinnvoll erachte, den blauen an letzter Stelle zu wählen."

„Da er die Ergebnisse zusammenfasst, richtig?" wollte ich wissen.

Die sechs Denkhüte nach Edward de Bono

„Stimmt. Fassen wir die Bedeutung der sechs Hüte noch einmal zusammen:

	SCHWARZ	Denkt kritisch, ist skeptisch und sieht vor allen Dingen Risiken und Schwierigkeiten.
	WEISS	Denkt analytisch, bleibt sachlich und objektiv, ergänzt Fehlendes, sammelt Fakten, Daten und Zahlen.
	GELB	Denkt optimistisch, verbreitet Optimismus, sucht Vorteile, unterstützt Ideen, bleibt aber realistisch.
	GRÜN	Denkt kreativ, findet Alternativen, ist visionär, lässt gedankliche Grenzen außen vor und spielt mit Varianten.
	ROT	Denkt emotional, zeigt Gefühle auf, macht auf Störendes aufmerksam und weist auf Nachteile hin.
	BLAU	Denkt ordnend, ordnet alle Aussagen, zeigt Vor-und Nachteile auf, und stellt alles zielorientiert dar.

(Liebe Leserin, lieber Leser, wählen Sie eine Herausforderung, mit der Sie sich seit einigen Tagen beschäftigen. Am besten schreiben Sie auf, um welche Herausforderung es sich handelt. Sie können diese Herausforderung als Frage formulieren, zum Beispiel: „Soll ich diese Ware erstehen?" Dann setzen Sie sich nacheinander die sechs Hüte auf und spielen in Gedanken jeweils alle Sichtweisen durch.)

„Sigi, nun hast du gelernt, wie du eine Herausforderung ungestört in sechs verschiedenen Sichtweisen betrachten und beleuchten kannst. Der Vollständigkeit halber weise ich dich darauf hin, dass auch eine Gruppe – hier könnten es zum Beispiel sechs Personen sein, die Vorgehensweise mit den Hüten umsetzen kann. Dabei setzt sich jeder einen der Hüte auf, die Herausforderung wird benannt, schon kann jeder aus seiner Sichtweise mit sinnvollen Ideen zur Lösung der Herausforderung beitragen.

Manchmal gehen Gruppen auch so vor, dass sie nach einer ersten Spielrunde die Hüte tauschen, beim selben Thema bleiben, aber nun aus einer anderen Perspektive argumentieren. Diese Vorgehensweise erweitert eindeutig den eigenen Horizont und schafft auf Dauer Verständnis für das Denken anderer Menschen."

8. Vernetzt denken

Ein paar Tage später …

„Hallo Sigi, wie geht es dir heute?"

„Hallo Winni, schön, dass du wieder da bist. Mir geht es ausgezeichnet, hoffentlich dir ebenso."

„Ja, ich kann und will nicht klagen. Da wo ich herkomme …"

„Ich weiß, ich weiß, Winni. Da wo du herkommst, da klagen alle, nicht wahr?"

Errötete Winni? „Ja, also …"

„Lass schon sein. Ist schon gut so. Die Hauptsache ist, uns beiden geht es gut. Ich habe noch lange über unser Thema nachgedacht, das wir die letzten Tage besprochen hatten. Nach wie vor hochinteressant. Ich hatte allerdings den Eindruck, dass wir mit unserem Thema noch nicht ganz am Ende waren."

„Schon wieder ins Schwarze getroffen, lieber Sigi. Lass uns fortfahren mit unseren Gedanken zum Menschen, der bereit ist, seine Perspektiven zu wechseln. Damit jemand genügend Möglichkeiten hat, sich in die Gedankenwelt einer anderen Person hineinzuversetzen, bedarf es zwangsläufig eines gewissen sozialen Umfeldes.

Heute würden wir sagen, dass der Mensch gut mit anderen vernetzt sein soll."

„Die sozialen Netzwerke helfen dabei, oder?"

„Die sozialen Netzwerke bilden einen relativ großen Bereich in dieser Thematik. Nicht umsonst heißen die Netzwerke ‚Netzwerke'. Eine Person soll möglichst mit vielen anderen verknüpft sein. Du weißt schon: ich kenne einen, der einen anderen kennt, der wiederum einen kennt und so weiter. Dieses Netzwerk hilft, bei auftretenden Fragen schnell mit jemanden in Kontakt zu treten, der eine Antwort bieten kann. Zumindest ist das in der Theorie so. In der Praxis werden die Netzwerke, die wir im Internet finden, häufig lediglich zum Input von Informationen wie auch von Fotos benutzt. Richtige Kommentare gibt es zwar auch, selten aber so empathisch tiefgreifend, dass der andere davon wirklich profitieren kann."

„Das sehe ich bei mir auch. Wenn ich etwas poste, gibt es schnell zig verschiedene Rückmeldungen beziehungsweise Kommentare. Oft bestehen die allerdings nur aus ein paar Wörtern, manchmal nur aus Symbolen, wie auch originellen ‚hi-hi' oder einfach nur aus Smileys."

„Das meine ich damit, Sigi. So wirklich tief in die Materie wird kaum eingedrungen. Das ist auch nachvollziehbar, wenn wir einmal sehen, mit wie vielen Menschen ein Einzelner über solch ein Netzwerk verknüpft sein kann. Das geht ganz schnell in eine dreistellige, manchmal vierstellige Zahl. Stelle dir nur einmal vor, dass auf einen Kommentar gleich 100 oder mehr Menschen eine Rückmeldung gäben. Ist das wirklich lohnenswert? Es wäre dann lohnenswert, die Rückmeldungen wären tatsächlich auch tiefgründiger. So, dass der Empfänger darüber nachdenken kann oder seinen eigenen geposteten Text überdenken kann. Andererseits stelle dir vor, du würdest einen gehaltvollen Kommentar auf jeden Text in den sozialen Netzwerken geben, zu denen du Verknüpfungen aufgebaut hast. Sehr wahrscheinlich hättest du den ganzen lieben Tag über nichts anderes mehr zu tun, als Kommentare zu schreiben. Wenn dann der Empfänger deiner Kommentare ebenso denken würde wie du, erhieltest du sofort kaum mehr zählbare, ausführlich geschriebene Texte zurück."

„Oh. Das wäre vielleicht gar nicht so gut. Ich könnte ja nichts anderes mehr machen!"

Echtes Netzwerk

„Eben. Lass uns folgenden Schluss aus dieser Situation ziehen: Die aktuellen Netzwerke sind so aufgebaut wie wir sie kennen. Mit einem ‚echten' Netzwerk sind sie nicht eins zu eins vergleichbar."

„Was verstehst du unter einem echten Netzwerk?"

„Menschen, die in einem echten Netzwerk verknüpft sind, kennen einander persönlich. Sie tauschen sich nicht nur online aus, sondern treffen sich auch zu gemeinsamen Veranstaltungen, eben zu Netzwerk-Veranstaltungen. Damit schaffen es die Beteiligten, sich immer wieder physisch zu begegnen. Unabhängig des Online-Kontaktes haben sie nun die Möglichkeit, real miteinander zu sprechen."

„Das kostet aber auch viel Zeit, oder Winni?"

„Zweifelsohne. Deshalb sind Netzwerke dieser beschriebenen Art wertvoller als die eingangs beschriebenen. Denn zu einem echten Netzwerk zählt nicht nur, dass ich mich von anderen berieseln lasse. Es wird deutlich auch mein eigener, vernünftiger Beitrag gefordert. Durch diese Art des Austausches, wir könnten hier auch von einer echten Kommunikation reden, haben wir eine stärkere emotionale Bindung untereinander. Smileys oder andere Symbole entfallen hier meistens."

„Ich gehe davon aus, dass ich immer mehr Möglichkeiten habe, Gedanken anderer wahrzunehmen, wenn ich mich derart intensiv mit anderen Menschen austausche."

„Aber klar doch. Wir können hier von einem vernetzten Agieren sprechen. Nun kommen wir wieder zum Individuum, also zu dir. Es ist nun klar, was wir unter vernetztem Handeln verstehen. Weiter solltest du es schaffen, vernetzt zu denken."

„Was heißt das nun schon wieder?"

„Bevor du handelst, solltest du erst denken", grinste Winni. „Du kennst ja den Spruch: Erst denken, dann handeln."

„Na klar."

„Jetzt nicht nur alleine denken, sondern sich bereits hier in die Gedankenwelt der anderen versetzen. Wie kann mir der andere helfen, wie kann ich ihm helfen, wie können wir gemeinsam unsere Stärken kombinieren, damit es ein noch besseres Ergebnis geben kann? Was passiert an anderer Stelle, wenn ich hier aktiv werde? Jede meiner Handlungen löst in der Regel etwas an anderer Stelle aus. Mache ich mir im Vorfeld Gedanken darüber, kann ich zumindest schon erahnen, was an anderer Stelle passieren mag." Winni trank einen Schluck Milch. Dann fuhr er fort. „Vernetzt denken heißt aber auch, dass du die Fähigkeiten deiner linken, logisch arbeitenden Gehirnhälfte mit den Fähigkeiten deiner rechten, emotional arbeitenden Hirnhälfte verknüpfst. Nicht alles, was logisch (richtig) erscheint, muss menschlich richtig empfunden werden."

„Das sieht nach einem echten Dilemma aus."

„Das könnte so genannt werden, ja. Aber lass es uns nicht negativ als Dilemma bezeichnen, sondern eher positiv als zusätzliche Option, wie gedacht und später gehandelt werden kann. Solange du mit Maschinen zu tun hast, sind Emotionen dieser Maschine gegenüber zwecklos. Die Maschine empfindet weder Freude noch Trauer. Glücklicherweise haben wir privat wie beruflich viel mit Menschen zu tun. Hier greift dieser Aspekt viel, viel deutlicher. Bevor ich handle, überlege ich, was das auf anderer Seite menschlich auslösen könnte. Ich will ja schließlich niemandem auf den Fuß treten oder in eine schlechte Stimmung bringen."

„Ist das nicht ziemlich anstrengend?", wollte ich wissen.

„Was meinst du mit anstrengend?"

„Ich meine, wenn ich mir vorab ständig Gedanken machen muss, was mein Handeln beim anderen auslöst, kostet mich das doch unendlich viel Zeit. Außerdem kann ich ja nicht tatsächlich wissen, was der andere fühlen wird."

„Klar. Dann wärst du ja ein Hellseher. Trotzdem kannst du vorab überlegen, wie das Gegenüber möglicherweise empfinden könnte. Selbstverständlich kostet dich das Vorgehen etwas mehr Zeit und etwas mehr Energie. Aber durch diese gezeigte Empathie wirst du höchstwahrscheinlich deutlicher zum Erfolg kommen. Andere mögen mehr mit dir zu tun haben, wenn sie spüren, dass du nachvollziehen kannst, wie sie selbst empfinden. Du kannst es ja zumindest einmal versuchen."

„Na klar. Das werde ich auch."

9. Ganzheitlich denken

„Nun, wenn wir schon beim vernetzten Denken sind, lass uns noch einen kleinen Schritt weitergehen. Ich meine hier das ‚ganzheitliche Denken'."

„Ganzheitlich denken? Wieder etwas Geheimnisvolles."

„Bisher haben wir überlegt, wie das Gegenüber reagieren könnte. Jetzt gehen wir wieder zu dir. Nämlich die Art und Weise <u>wie</u> du denkst. Vorhin habe ich es schon einmal gesagt, nämlich, dass du beide Gehirnhälften optimal einsetzen sollst, beim Denken und später beim Handeln. So, wie du mit allen fünf Sinnen wahrnehmen kannst, kannst du mehrere Sinneskanäle in deine Gedanken einbinden."

„Wie das?"

„Sprich ganz einfach deine Sinne an, wenn du über etwas nachdenkst. Ich will dir ein Beispiel geben. Du bereitest dich darauf vor, ein leckeres Essen zu kreieren. Im Vorfeld wirst du dir ein Bild machen, wie das fertige Gericht aussehen soll. Hier wird ganz deutlich der Seh-Sinn angesprochen. Du wirst dich auch an bestimmte Gerüche erinnern."

„Hier kommt der Geruchs-Sinn ins Spiel, richtig?"

„Du hast es verstanden. Nun wirst du dir vorstellen, wie das fertige Gericht schmecken wird und schon ist der Geschmacks-Sinn eingefügt in deine Vorstellungskraft. Daraufhin kannst du dir beispielsweise vorstellen, das eine oder andere Gewürz zusätzlich ins Gericht zu geben. Deine Vorstellungskraft in diesem Bereich genügt, um dir ausmalen zu können, wie die Speise schmecken wird."

„Ja sicher. Auch dann, wenn ich eine neue Speise zubereite, kann ich mir oft schon ausmalen, wie das fertige Essen schmecken könnte."

„Jetzt fehlen nur noch der Tast-Sinn und der Hör-Sinn."

„Da hätte ich aber eine Idee", rief ich aus. „Selbstverständlich kann ich mir auch vorstellen, welches Gewicht das Gericht am Ende auf die Waage beziehungsweise auf den Teller bringt. Oder noch weiter: Wie schwer wird die Speise später in meinem Magen liegen? Beim Hör-Sinn stelle ich mir etwas ganz anderes vor. Was wird mein Gast sagen, wenn ich ihm das tolle Essen kredenze? Wird er vor Begeisterung ausrufen, oder enttäuscht murmeln?"

„Sigi, du gefällst mir von Tag zu Tag besser. Genau so funktioniert ganzheitliches Denken. Ich stelle fest, dass wir dich als kreativen Kopf bezeichnen können."

„Beim Essen experimentiere ich sowieso immer wieder. Ich mag neue Herausforderungen, andere Rezepturen, unbekannte Zutaten, die ich in die Gerichte einarbeiten will. Das sind immer wieder neue Herausforderungen für mich, die mir helfen, reizvolle kulinarische Gerichte entstehen zu lassen. Es wäre ja stinklangweilig, müsste ich jeden Tag das gleiche essen. Dabei gibt es so viele originelle Möglichkeiten, immer wieder Neues auszuprobieren. Interessanterweise scheine ich ein intuitives Gespür dafür zu haben, wie sich Zutaten zu einem neuen Gericht kombinieren lassen. Manchmal geht das auch schief, das macht aber nichts. Beim nächsten Mal wird es umso besser."

„Sigi, ich sehe, du brauchst mich offensichtlich gar nicht mehr. Du hast genau begriffen, worum es geht. Du denkst und handelst bereits ganzheitlich bei deinen Essens-Zubereitungen. Nun übertrage dieses Vorgehen auf alle möglichen anderen Aufgaben, die du täglich zu bewältigen hast. Zeige auch hier Kreativität und Originalität, riskiere mal was anderes und bringe deine Ideen mit den Ideen anderer zusammen!"

10. Andere mitreißen und begeistern – Feuer entflammen

„Wenn du es dann noch schaffst", fuhr Winni fort, „andere für deine Ideen oder Ergebnisse zu begeistern, bist du 100-prozentig auf dem richtigen Weg."

„Vier Augen sehen mehr als zwei."

„So lässt es sich auch ausdrücken", nickte Winni zustimmend. „Vier Augen sehen nicht nur mehr, sie sehen auch unter Umständen Verschiedenes. Sowie die Gehirnzellen, die hinter den vier Augen stecken. Sie arbeiten verschieden. Nutze die Kraft der anderen, sich von deiner Idee mitreißen zu lassen. Beschreibe mit allen Sinnen deine dir zur Verfügung stehenden Ideen sowie Projekte und deine Ziele. Setze die Körpersprache unterstützend ein und überzeuge mit Händen und Füßen. Zeige, dass du ein Lebewesen bist und zwar eines, das ganzheitlich existiert und agiert. Erkenne gleichzeitig die innovativen Ideen der anderen, wertschätze sie, ob und wie diese in deine Gedanken passen. Auch wenn du hin und wieder – lass es mich mal bildlich ausdrücken – über dir schwebst, ist das in Ordnung. Du solltest nur irgendwann wieder Bodenhaftung fühlen."

„Das hört sich alles einfach an. Wie kommt es, dass ich bisher nicht selbst auf diese Gedanken kam?"

„Es ist ja nicht so, Sigi, dass wir hier großartige Geheimnisse austauschen. Vielmehr ist es so, dass wir uns über bestimmte Dinge bewusstwerden können. Vieles machen wir automatisch, ohne darüber nachzudenken. Wenn du dir tatsächlich Gedanken über diesen Themenbereich machst, wirst du feststellen, wie leicht es möglich ist, die genannten Überlegungen ins praktische Leben zu übernehmen.

Du wirst schnell sehen, dass du mit deiner kreativen Art und deinen Fähigkeiten, andere mitreißen und diese locker begeistern kannst. Ein Mensch, der begeistert ist, beteiligt sich mit seinen eigenen Ideen. Damit kommen nach und nach immer mehr und mehr neue Verknüpfungen im Gehirn zustande, aber tatsächlich auch in der Gedankenwelt. Du wirst dir bewusstwerden, wie unglaublich vielfältig das Leben ist. Das haben wir schon ein paar Mal gesagt. Wir sollten diesen Gedanken immer wieder in uns aufrufen. Nutze die Möglichkeiten, die das Leben bietet. Sei kreativ und vor allen Dingen werde aktiv. Du wirst dich sehr wahrscheinlich wundern, wie sich dein Leben verändern lässt."

Ich nickte zustimmend.

„Sigi, nimm hier diesen Stift und mache dir zu unseren ausgetauschten Punkten einige Gedanken. Überlege, wie du vorgehen kannst und willst. Hier ist ein Stift."

Winni streckte mir einen Stift entgegen, den ich fast gedankenverloren an mich nahm.

„Versuche deine Gedanken zu ordnen", riet mir Winni. „Nimm dir dazu die Zeit, die du brauchst. Wir haben nun über so viele Dinge nachgedacht, dass du deine Gedanken erst einmal ordnen solltest. Ich lasse dich jetzt alleine und werde in einigen Tagen nachschauen, wie es dir ergangen ist."

„Einverstanden, Winni. Mir brummt tatsächlich etwas der Kopf. Aber versprochen, ich mache mir meine Gedanken und fertige einige Notizen an. Ich bin gespannt, was mir alles einfällt."

Winni verschwand mit einem letzten „Tschüss, Sigi."

(Liebe Leserin, lieber Leser, vielleicht haben auch Sie Lust und Laune aufzuschreiben, was Sie aus diesen vielen Informationen für sich mitnehmen wollen? Nehmen Sie sich Zeit für die Notizen, um dann weiterzulesen.)

11. Kreativitätskiller entlarven und entwaffnen

Einige Tage waren vergangen. Ich hatte mir meine Gedanken zu den vielen besprochenen Themen gemacht. Oft fand ich eine Lösung – manchmal aber auch deutliche Hindernisse. Wie sollte ich damit umgehen?

Wie gehofft und erwartet, erschien Winni wieder. Er schien gut gelaunt und begrüßte mich.

„Hallo, Sigi, wie geht es dir heute?"

„Einen wunderschönen guten Tag, lieber Winni. Ich freue mich, dich so gut gelaunt wiederzusehen. Was hast du die vergangenen Tage gemacht?"

„Ach weißt du Sigi, da wo ich herkomme, gibt es viel zu tun. Jeden Tag kommen …"

„Stopp, Winni, ich will dich nicht unterbrechen. Ich weiß, dass du sehr viel zu tun hast. Meine Frage war unüberlegt. Entschuldige bitte."

Winni entgegnete, ein ganz klein wenig unwirsch: „Ja, schon gut Sigi. Manchmal habe ich so viel im Kopf und dann passiert es schon mal, dass ich mich wiederhole oder zu lange und ausführlich über Unwichtiges spreche. Nun, lass uns kreativ und zielorientiert arbeiten! Was liegt an?"

Ich holte tief Luft und sagte: „Winni, wie vereinbart habe ich mir unsere letzten Gespräche deutlich durch den Kopf gehen lassen. Manchmal sehe ich dummerweise auch Hindernisse."

„Das stimmt, Sigi. Hast du einen konkreten Grund?"

„Zum Beispiel, dass viele Menschen auf Nummer Sicher gehen wollen, statt sich auf kreative Ideen einlassen zu wollen."

„Du sprichst ein wichtiges Thema an. Gedanklich bewegen wir uns bei den sogenannten Kreativitätskillern und einen Killer hast du gefunden."

„O, war ja nicht so schwierig", antwortete ich leicht errötend.

„Doch, das ist sehr gut überlegt. Halten wir fest: Wer zu sehr an Althergebrachtem festhält, wird wenige Fehler begehen. Denn es wurde ja schon hunderte Male durchlaufen, ohne dass etwas Kritisches geschah. Gleichzeitig blockiert dieses Sicherheitsdenken: Neue Ideen könnten weder gedacht, geschweige denn realisiert werden. Wer es schafft, den sicheren Weg einmal zu verlassen, überwindet diese Kreativitäts-Killer."

„Hört sich alles nachvollziehbar an", entgegnete ich.

„Ein weiterer Killer ist der Konkurrenzdruck."

„Ich bin gespannt."

„Das ist so: Wer in seinem Handeln immer wieder Angst um seine Position beziehungsweise um seinen Status hat, wird sich entsprechend verhalten. Das bedeutet, dass er viel Energie darauf verwendet, seine berufliche Stellung nicht zu gefährden. Folglich kann diese Energie nicht in das Entwickeln neuer Ideen gesteckt werden. Je weniger Vertrauen der Vorgesetzte in seine Mitarbeiter hat, je weniger er ihnen zutraut, desto weniger kann sich der Betroffene frei entwickeln."

„Also soll der Vorgesetzte ein vertrauensvolles Verhältnis zu seinen Mitarbeitern haben?"

„Ja."

Belohnung oder nicht?

„Dann wären Belohnungen der richtige Weg, um Kreativitäts-Killer zu vermeiden?"

„Überraschenderweise eher nicht", sagte Winni und schaute unschuldig an die Decke.

„Jetzt bin ich überrascht. Keine Belohnung?"

„Zielt das Handeln eines Menschen darauf ab, eine Belohnung zu erhalten, wird über kurz oder lang nur noch die Belohnung im Fokus stehen. Jedes Tun ist darauf ausgerichtet, den Bonus zu erhalten."

„Das schränkt wohl die kreative Bewegungsfreiheit ein."

„Ja, dieses Risiko besteht."

„Demnach lieber keine Belohnungen?"

„Doch, doch, hin und wieder schon. Lob oder andere Belohnungen motivieren sicherlich. Nur wenn sich das Hauptaugenmerk auf das

Erlangen der Belohnung ausrichtet, wird die Arbeit beziehungsweise das Hinarbeiten auf Lösungen zweitrangig."

„Das passt wunderbar zu unseren Überlegungen, die wir uns zur Motivation machten."

„So ist es, Sigi."

Winni legte eine kurze Pause ein. Dann fuhr er fort. „Ich will den Zeitdruck noch erwähnen."

„Den Zeitdruck? In Bezug worauf?"

„Wenn jemand unter permanentem Zeitdruck arbeiten muss, kann er kaum Alternativen zum klassischen Arbeitsweg durchdenken. Er wird versuchen, schnellstmöglich auf dem üblichen Weg zum Ziel zu gelangen."

„Er müsste also mehr Zeit investieren?"

„Verfügt er über mehr Zeit, kann er seine Vorgehensweise infrage stellen und/oder aus einer anderen Sicht betrachten. Damit hätte er die Möglichkeit, über kreatives Denken zu einer anderen Vorgehensweise zu kommen. Genau diese kann eine neue Perspektive eröffnen und einen großen Schritt in ein neuartiges Handeln auslösen."

12. Kreativität aufbauen

„Jetzt weiß ich, was kreatives Denken und Handeln bedeutet. Weiter weiß ich, was unter Kreativitäts-Killern zu verstehen ist. Soll ich mal zusammenfassen, wie Kreativität aufgebaut werden kann?"

„Das ist eine hervorragende Idee. Leg mal los", forderte mich Winni auf.

„Gerne doch, Herr Winni. Kreativ sein heißt neue Wege gehen, Denkblockaden abbauen. Alte Muster müssen durchbrochen werden, wobei mir die Meinung anderer gleich ist."

„Na, na." Winni runzelte die Stirn.

„Oh, ich passe meine Meinung an. Natürlich höre ich auf die Meinung anderer – aber ich lasse mich nicht durch Bedenken von meinen Zielen abbringen."

„Das ist gut so."

„Ach, und beinahe hätte ich es vergessen: Je spielerischer und flexibler ich vorgehe, desto kreativer gelange ich ans Ziel. Natürlich lasse ich mich bei einer Fehlentscheidung nicht unterkriegen. Wer experimentiert wird auch mal einen kleinen Rückschlag hinnehmen."

„Ich bin beeindruckt."

„Weiter lasse ich möglichst keinen Zeitdruck zu. Entspannt lässt sich mehr erreichen als unter Druck. Ich halte mir den Rücken frei, angst- und stressfrei handeln zu können."

„Alles stimmt", bekräftigte mich Winni.

„Super!" freute ich mich. „Ich bezeichne mich jetzt als kreativen Kopf! Lass uns loslegen!"

Winni machte einen Kopfstand. Sicherlich wollte er mich beeindrucken – was ihm auch gelang. Bevor er verschwand, rief er noch: „Mal etwas aus einer anderen Perspektive betrachten!"

Teil 3
Zeige Profil!

Selbst-Marketing

Das Können sichtbar machen

Wo Inhalt ist, fügen sich die Formen von selbst.
Lew Nikolajewitsch Graf Tolstoi (Leo Tolstoi), russ. Schriftsteller
(1828 - 1910)

1. Wertschätzung mir selbst gegenüber

„Sigi, was bist du denn wert?" fragte Winni einfach so, als er plötzlich erschienen war.

„Winni, was ist denn das schon wieder für eine dumme Frage?" reagierte ich etwas vorschnell.

„Ach, kam mir gerade so in den Kopf. Ich weiß auch nicht wieso", wiegelte Winni ab. Nach einer Weile stellte er mir erneut eine Frage. „Was kostet denn ein Laib Brot?"

„Das kommt drauf an, wie schwer das Brot ist. Sagen wir mal ein paar Euro."

„Der Wert des Brotes ist also ein paar Euro."

„Ja, von mir aus."

„Und ein Fahrrad?"

„Ein Fahrrad? Wie kommst du denn jetzt auf ein Fahrrad? Na, ein gutes Rad wird schon einige 100 Euro kosten, schätze ich."

„Hm, der Wert des Fahrrads liegt demnach bei einigen 100 Euro." Winni lehnte sich nachdenklich zurück und hielt eine Hand vor seine geschlossenen Lippen. Es war deutlich zu sehen, dass er nachdachte. Ob er mit meinen Antworten nicht so ganz zufrieden war? Plötzlich sagte er: „Ich bin mir nicht ganz sicher, ob das Wort Wert hier das ist, was ich meine. Der Wert des Brotes liegt ja nicht in ein paar wenigen Euro, sondern darin, dass die Herstellung des Brotes Arbeitsplätze schafft und Menschen die Möglichkeit gibt, etwas essen zu können. Anders ausgedrückt, es hilft, dass wir nicht verhungern."

Ich war sprachlos. Offensichtlich konnte Winni gleich welches Thema so drehen, dass es sich komplett anders anhörte. Ich wollte wissen: „Was soll ich denn statt Wert sagen?"

Wert und Gegenwert

„Wie würde dir das Wort Gegenwert zusagen?"

„Gegenwert?"

„Ja, der Gegenwert eines Brotes liegt bei wenigen Euro. Der Gegenwert eines Fahrrads bei einigen 100 Euro. Der Wert des Brotes selbst kann so sein, wie eben schon geäußert. Der Wert des Fahrrads könnte zum Beispiel in der Mobilität liegen. Auch in der vermeintlichen Gewinnung von Zeit, da der Radfahrer meist schneller an einem anderen Ort sein kann als der Fußgänger."

„Aus dieser Sicht betrachtet, bekommt manches einen ganz anderen Wert, als es augenscheinlich zu haben scheint."

„Gehen wir noch einen Schritt weiter, Sigi. Wenn wir fragen, welchen Wert beispielsweise das Tageslicht hat, könnten wir kaum eine Euro Zahl nennen. Ein Gegenwert ist hier schwer zu definieren. Es lässt sich schlecht sagen, dass Tageslicht einen materiellen Gegenwert von ein paar Tausend Broten hat. Oder? Nein, das wäre Unsinn."

„Genauso wenig ließe sich ein Gegenwert von Freundschaft, Liebe oder von Vergleichbarem festlegen."

„Wir denken in die gleiche Richtung. Das gefällt mir, Sigi. Ich habe da mal eine Frage an dich: Was bist du wert?"

Jetzt musste ich erkennend lächeln. Darauf wollte Winni also hinaus. „Ein Gegenwert in Geldbeträgen ist nicht definierbar. Sonst kämen wir ganz schnell auf eine Formel die aussagt, ein Mensch ist soundso viel Euro wert. Wie viel wäre dann ein älterer Mensch gegenüber einem jüngeren wert? Wie viel einer aus unserem Land und aus einem anderen? Du lieber Himmel, so will ich erst gar nicht anfangen zu denken, da ich hier überhaupt keine Lösung sehen könnte, die nur im Ansatz als fair zu bezeichnen wäre."

„Einverstanden. Was bist du wert?" Winni wiederholte diese Frage nun schon wieder. Gut, ich wollte mich also darauf einlassen. Vielleicht sollte ich hier etwas philosophisch werden?

„Ich versuche es einmal. Ich habe schon vielen Menschen Freude bereitet, angefangen bei meinen Eltern, meinen Kumpels, mitunter auch jenen, mit denen ich beruflich zusammen bin. Ich schaffe es, gute Stimmung zu verbreiten, zu trösten, zu loben und zu unterstützen. Im weitesten Sinne trage ich auch dazu bei, dass es unserem Land relativ gut geht, weil ich meine Arbeitskraft entsprechend einsetze, meine Steuern zahle und so weiter. Genügt das?"

Selbstwert

Winni lachte. „Das langt allemal. Das sind ja schon ganz wichtige Punkte, die du aufzählst. Dazu gibt es noch viele mehr. Wenn ich mir das so anhöre, stelle ich fest, dass du ganz schön wertvoll bist. Oder anders ausgedrückt: Du bist viel wert."

„Du treibst mir die Röte ins Gesicht", meinte ich nicht ganz ernst. Trotzdem fühlte ich mich etwas geschmeichelt.

„Mit meiner ursprünglichen Frage zielte ich darauf ab, dass du dir darüber bewusstwirst, wie wertvoll du bist. Wir besprechen hier das große Thema Selbstwertgefühl. Ich könnte auch fragen, wie viel ich mir selbst wert bin? Da wir in einer Gesellschaft leben, beeinflusst mein eigenes Empfinden automatisch das Verhalten anderer. Wenn ich mich selbst wertvoll fühle, erkenne ich, wie wertvoll ich tatsächlich bin. Durch diese Erkenntnis steigt zwangsläufig mein Selbstwertgefühl."

„Wow, das klingt einerseits ja alles mal wieder so unglaublich kompliziert, andererseits aber auch so verblüffend einfach. Ich mache mir meine Gedanken über mich selbst und erkenne, wie wertvoll ich bin. Das löst ein positives Gefühlsempfinden in mir aus. Gleichzeitig steigt mein Selbstwertgefühl an. Ja, ich denke, ich habe es kapiert."

Winni lächelte zurückhaltend verstehend. Er hatte es wieder einmal geschafft, mich gedanklich in eine komplett andere Richtung zu versetzen. Unglaublich, wieso kam ich nicht selbst auf diesen Gedanken? Bedarf es immer eines Anstoßes von außen? Wenn dieser Anstoß gegeben wird, öffnet sich ein riesiges bisher unbekanntes gedankliches Feld, in dem sich tummeln lässt.

Ich fühlte mich richtig wohl, da ich plötzlich ganz andere Ansichten erkennen konnte. Ja, ich hatte ein sehr positives Gefühl. Es war so, als würde ich plötzlich eine bisher nicht erkannte Grenze zu einem neuartigen Bereich überwinden.

Ich will nicht übertreiben, aber es entwickelte sich fast eine Art Glücksgefühl. Es ist ja auch schön zu erfahren, wie wertvoll ein Mensch sein kann. Ich hatte es verstanden.

„Wunderbar", zog mich Winni aus meiner Gedankenwelt in die Realität zurück. „Diese Theorie hast du nun auch wieder verarbeitet und weißt, wie du damit umgehen kannst. Jetzt mach mal was draus. Zeige auch anderen, was dich ausmacht. Betreibe ein wenig Selbst-Marketing!"

2. Ich zeige, was mich ausmacht – Selbst-Marketing

„Was ist denn das für ein neumodischer Begriff?", stellte ich mir selbst die Frage. Unter Marketing konnte ich mir schon etwas vorstellen. Aber was sollte <u>Selbst</u>-Marketing sein? Weshalb sollte ich mich vermarkten?

„Tja, weißt du, lieber Siggi", – Winni war wie aus dem Nichts aufgetaucht, ohne Plopp, ohne Dampf. Einfach nur so – regelrecht effektlos. „Weißt du", wiederholte er nachdenklich, den Kopf zur Seite geneigt, wobei es aussah, als würde er sich auf dem erhobenen Zeigefinger ausruhen. Er fuhr im ruhigen Ton fort. „Deine Frage klingt gar nicht so blöd. Weshalb solltest du dich selbst vermarkten?"

„Ja, eben", entgegnete ich etwas aufmüpfiger als gewollt. „Weshalb? Ich will doch nicht meine Haut zu Markte tragen!" Ich war stolz, diesen genialen Vergleich gefunden zu haben.

„Aha", meinte Winni. „Aber vielleicht doch. Jeden Tag, an dem du mit anderen zusammenkommst, möchtest du doch von ihnen akzeptiert werden. Du willst doch nicht als ‚dummes Kind' angesehen werden, sondern als wertvoller Mensch der Gesellschaft."

„Ja, aber nur bei Leuten, die ich kenne", warf ich ein.

„Sigi, kann es sein, dass du dich hier etwas verschätzt?", gab Winni zu bedenken.

„Wieso meinst du das?"

„Du gehörst ja noch nicht zum ‚alten Eisen', oder? Stelle dir vor, du bewirbst dich um einen neuen Arbeitsplatz, um eine besondere Vereinsaufgabe oder um ein Ehrenamt. In solch einer Situation müsstest du zeigen, was du ‚auf dem Kasten' hast.

Du würdest darstellen wollen, was dich auszeichnet, diese Arbeit übernehmen zu können."

„Ja richtig."

„Demnach betreibst du hier Werbung in eigener Sache. Selbst-Werbung, also Selbst-Marketing."

„Das leuchtet mir ein, Winni. So hatte ich es mir tatsächlich noch nie betrachtet."

„Genau das ist der entscheidende Punkt, lieber Siggi. Will jemand etwas online oder auf dem Flohmarkt verkaufen, wirbt er in den höchsten Tönen für sein Produkt. Werbung im Internet, im Kino, im Fernsehen, im Radio und so weiter generiert Millionen Umsatz, wenn nicht sogar Milliarden. An jedem Satz, jedem Ton, jedem Bild wird stundenlang gearbeitet. Das Ergebnis wird hin und her gewälzt, von allen erdenklichen Seiten betrachtet, analysiert, verworfen und neugestaltet. Eine ungeahnte Energie wurde im Hintergrund aufgebracht, um das Produkt oder die Dienstleistung entsprechend professionell anzubieten und Käufer zu finden!"

„Winni, dem stimme ich ja uneingeschränkt zu. Was hat das nun mit mir zu tun?"

„Eine ganze Menge!" rief Winni aus. „Beim Selbstmarketing geht es um das wichtigste Produkt, das du anzubieten hast – nämlich um dich selbst!"

Fast sah es so aus, als hätte sich Winni verausgabt. Er war zurückgesunken und atmete schwer. Dann fuhr er, etwas langsamer redend, fort, nachdem er sich ein Glas Milch zur Stärkung gegönnt hatte. „Da wo ich herkomme, will sich jeder ins rechte Licht setzen. ‚Schau mal, Winni, was ich alles kann!' ruft der eine. ‚Nein', schreit der nächste ‚schau hierher, Winni. Ich kann noch viel mehr!'"

Konnte ich Schweiß auf Winnis Stirn sehen? „Ist das nicht nervig", wollte ich wissen.

„Nervig und nervend?", lautete die Antwort. „Jeder versucht, den anderen zu übertönen. Jeder will zeigen, dass er mehr als der andere kann. Ein Wettbewerb, der 24 Stunden am Tag andauert. Fürchterlich!"

„Willst du tatsächlich, dass ich mich genauso verhalte?", fragte ich verwundert.

Für die Sache brennen

„In gewisser Weise ja. Ich meine nicht, dass du deine Nachbarn übertrumpfen sollst. Mir geht es auch nicht um bloßes Geschrei. Vielmehr geht es um deine, nennen wir sie mal, Mitbewerber auf dem Markt des Lebens. Mir geht es darum, dass du erkennst, dich – natürlich positiv – von anderen abzusetzen. Du sollst zeigen, was du kannst. Du sollst andere von deinen, von deinen Fähigkeiten überzeugen. Überzeuge sie von deinem Engagement, von deiner Begeisterung für eine Sache. Lass sie erkennen, wie und dass du für eine Sache ‚brennst'! Den anderen muss klar sein, dass du – und einzig du – die richtige Person für die gewünschte Aufgabe bist."

3. Visionär sein

Ich nickte nachdenklich, während Winni nun in eine Schweigephase fiel. Winni hatte zweifelsohne recht. Es ist ja schön, etwas zu können.

Wenn der andere allerdings nicht weiß, was ich will und was ich kann, hilft es auch nicht weiter.

„Genauso ist es", sagte Winni, der wieder mal meine Gedanken gelesen hatte. „Der Tüftler im einsamen Kämmerlein wird niemals ein großer Forscher und Entdecker werden, wenn er damit nicht an die Öffentlichkeit geht. Betrachte doch mal die erfolgreichen Visionäre der Vergangenheit", forderte mich Winni auf. „Wen würdest du beispielsweise als Visionär bezeichnen?"

„Da fallen mir einige ein", entgegnete ich sofort. „Zum Beispiel Mohandas Karamchand Gandhi, Albert Einstein, Jeanne d'Arc, Johannes Gutenberg, Galileo Galilei, Marie Curie."

„Wow, das kam wie aus der Pistole geschossen", lobte mich Winni. „Was hältst du von Leonardo da Vinci, Martin Luther King und Christoph Columbus?" fragte Winni.

„Klar, die sehe ich auch ganz deutlich als Visionäre. Sowie noch viele mehr, wenn ich es mir genau überlege."

„Was macht deiner Meinung nach einen Visionär aus?"

„Nun", ich überlegte kurz. „Er oder sie hatte eine tolle Idee, eine Zukunftsvorstellung, die niemand vor ihm hatte."

„Was machte er mit seiner Vorstellung?" bohrte Winni nach.

„Wenn ich es mir genau überlege, ging er mit seiner Idee an die Öffentlichkeit."

„Bingo!", rief Winni aus und klatschte begeistert in die Hände. „Er ging an die Öffentlichkeit und versuchte, andere für seine Idee zu begeistern. Weshalb ist ihm das gelungen? Nun, er ließ nicht locker! Er machte weiter und weiter; er machte die Leute regelrecht verrückt mit seinen Visionen."

„Das muss für die anderen nervig gewesen sein."

„Ganz sicher sogar. Was meinst du wohl, wenn einer wie Leonardo da Vinci kommt und von einem ‚Hubschrauber' fantasiert. Was dachten die Leute wohl über ihn?"

Verrückt sein im positiven Sinn?

„Die dachten bestimmt, Leonardo ist verrückt."

„Genau! Sie bezeichneten ihn als verrückt. Weshalb? Weil sie sich nicht vorstellen konnten, dass so ein hölzernes Ding Menschen durch die Luft transportieren könnte. War doch jedem klar, dass so eine Maschine sofort vom Himmel fallen müsste."

„Ja – ich meine nein", korrigierte ich mich. „Ein Hubschrauber fliegt bekanntlich."

„Bekanntlich?", ahmte mich Winni nach. „Darum geht es doch. Aus heutiger Sicht ist das klar. Aus damaliger Sicht: keine Chance. Leonardo musste seine Umwelt überzeugen, obwohl ihn ganz bestimmt die Mehrheit als Verrückten, als Spinner oder als Fantasten angesehen hat. Er war verbohrt in seine Vision. Er dachte positiv über seine Vision. Er sah einen Vorteil für die Menschheit. Demnach auch, dass die realisierte Vision der Allgemeinheit dienen würde. Leonardo hat erheblich viel Zeit investiert und eventuell sein eigenes, komplettes Leben zur Erreichung der Vision eingesetzt. Genau genommen hatte er nicht nur eine Vision, sondern bekanntlich", und hier betonte Winni mit einem schelmischen Grinsen das Wort ‚bekanntlich' „einige davon. Ich kann mir gut vorstellen, dass er deutlich zu kämpfen hatte, um seine Ideen und seine gesellschaftliche Position zu vertreten."

„Das kann ich mir ebenso vorstellen", stimmte ich zu. „Er war seiner Zeit um einiges voraus."

„Korrekt", bestätigte mich Winni. „Er hatte durch gezielte Beobachtungen und gedankliche Kombinationen so etwas wie Geistesblitze.

Auch wenn er keinen festen Zeitpunkt als Ziel nennen konnte, musste er sich Anhänger schaffen. Es war einerseits die Herausforderung, andere zu überzeugen. Gleichzeitig musste er aber auch an seinen eigenen Visionen weiterarbeiten. Übrigens: Der Visionär selbst muss seine Vision nicht lebend erreichen beziehungsweise die Realisierung miterleben. Das ist zwar schön für ihn, geehrt zu werden, aber das gehörte nicht zu seinen Zielen. Wichtiger für ihn ist es, dass die Vision irgendwann erfüllt wird."

„Lässt sich der Visionär nicht von seiner Idee abbringen, wenn andere ihn vom Gegenteil überzeugen können?"

„Ich denke eher nein. Du kannst sicher sein, dass er für seine Vision ‚brennt'. Der Visionär hält an seiner Vision fest. Wie eben schon erwähnt, erlebten nicht alle Visionäre die Verwirklichung ihrer Ideen. Manche zahlten sogar mit dem Leben für ihre Vision."

„Das ist nun allerdings nicht erstrebenswert", meinte ich.

„Was ist nicht erstrebenswert?", wollte Winni wissen.

„Dass ich mein Leben dafür lasse", sagte ich.

„Das sollst du auch nicht", beruhigte mich Winni. „Du bist ja auch kein Visionär. Ich wollte dir lediglich zeigen, was du erreichen kannst, wenn du dich nur vehement für etwas einsetzt."

Beruhigt lehnte ich mich zurück.

„Zurücklehnen bringt auch nichts", meinte Winni augenzwinkernd. „Du sollst doch Profil zeigen. Lass es uns so sehen: Zeige Profil, zeige mehr, als es andere tun, dann bist du auf dem richtigen Weg."

Nach sehr kurzem Zögern stimmte ich zu. „O. k., Winni. Ich stimme dir zu. Ich will Profil zeigen. Nun erkläre mir doch einiges mehr zum Selbst-Marketing. Inzwischen bin ich tatsächlich neugierig geworden."

4. Image-Arbeit

„Jetzt höre mal gut zu, lieber Sigi." Winni lehnte sich zurück und streckte seine Beine weit nach vorne aus. „Für die meisten Unternehmer und Selbstständigen ist es keine Frage, für ihre Arbeit oder Dienstleistung Werbung zu betreiben. Wie sieht es mit der Werbung in eigener Person aus? Es mag zwar nicht jedem liegen, Öffentlichkeitsarbeit in eigener Sache zu betreiben – wichtig ist sie trotzdem. Beschäftigte, die in ihrem Büro verschwinden und tagelang nicht gesehen werden, werden nach und nach vergessen und bei Beförderungen gegebenenfalls übersehen. Was meinst du ist wichtiger: Ein gut strukturiertes Unternehmen oder ein gut geführtes Personalmanagement?"

„Diese Frage ist gemein. Wie soll ich die beantworten? Natürlich ist es wichtig, dass ein Unternehmen gut geführt wird. Allerdings muss der Beschäftigte ebenso gut gemanagt werden, sonst nützt er dem Unternehmen nichts."

„Lassen wir diese schwammige Antwort einmal gelten", äußerte sich Winni großzügig. Er fuhr mit seinen Belehrungen fort: „Das an anderer Stelle genannte Netzwerk – in diesem Fall auf das eigene Unternehmen bezogen – hilft auch hier, sich in Erinnerung zu bringen. Das Sommerfest, die Weihnachtsfeier und ein Team-Building-Wochenende bieten fantastische Möglichkeiten, die eigene Persönlichkeit darzustellen. Diese Events zeigen: „Ich bin hier – ich bin ein netter, sympathischer Mensch, mit dem gesprochen und gelacht werden kann." Deshalb sollten bei solchen Veranstaltungen berufliche Dinge, soweit es geht, in den Hintergrund treten. Auch in firmeninternen Newslettern lassen sich sehr gut Informationen über sich selbst darstellen, die über das Berufliche hinausgehen."

Persönlichkeit darstellen

„Das ist schon klar, Winni, aber uns geht es ja gerade um die eigene Person. Was soll <u>ich</u> tun?"

„Du hast ja recht, Sigi. Alles, was für das Unternehmen gilt, gilt für dich als Person ebenso. Bei den genannten und anderen Plattformen lassen sich deine menschlichen, deine sozialen Fähigkeiten, deine Einstellung zum Leben, das Positive, Humorvolle vermarkten. Wenn ich mir manche Unternehmens-Präsentation auf Webseiten betrachte, wundere ich mich, dass nirgends der Mensch zu sehen ist. Maschinen sind dargestellt, Abläufe, Schaubilder, Fotos der Unternehmen oder der Produkte – wo bleibt aber der Mensch, der dahintersteht?"

„Der scheint im Hintergrund zu stehen."

„Ja, so wirkt es. Möglicherweise will das Unternehmen zeigen, dass die Produkte, die Leistung im Vordergrund stehen und der Mensch weniger wichtig ist.

Genau gesagt, dass er vielleicht sogar austauschbar ist. Für den Kunden soll es wichtig sein, dass er eine optimale Ware erhält, wer sie produziert ist egal."

„Stopp, Stopp", warf Siggi ein. „Das sehe ich aber anders. Ohne den Menschen, der die Ware produziert hat, könnte sie ja gar nicht verkauft werden. Weshalb muss er also im Hintergrund stehen? Er könnte doch zumindest gleichwertig dargestellt werden, oder?"

„Genau das meine ich", nickte Winni zustimmend. „Wie schön ist es, auf den vielen Fotos einer Webseite auch Menschen zu sehen. Zum Beispiel diejenigen, die die Ware herstellen oder zumindest unter ‚Team' die Ansprechpartner zeigen. Ein ansprechendes Foto, die Kontaktdaten dazu, schon weiß der Interessierte, mit wem er es zu tun hat. Die Darstellung des Unternehmens wird sozusagen ‚menschlicher'. Es wird gezeigt, dass der Interessierte Kontakt mit Menschen aufnimmt, die, wie jeder andere auch, Wünsche, Ängste, Emotionen haben. Wie schön wäre eine Welt, wenn wir gegenseitig mehr auf den Menschen achten wollten."

„Das stimmt", nickte Siggi zustimmend.

„Also zeige, was du kannst, wer du bist. Sei nicht allzu aufdringlich, da sonst schnell die Gefahr besteht, arrogant oder überheblich zu wirken. Deine beruflichen Stärken sollen unaufdringlich gezeigt werden. Vergiss nicht: Wer austauschbar ist, wird ausgetauscht."

„Ja, das ist schnell geschehen."

„Demzufolge muss ein Alleinstellungsmerkmal klar herausgestellt werden. Die Fachleute sprechen hier vom USP, vom unique selling point. Das ist das herausragende Verkaufsmerkmal, mit dem die Mitbewerber übertrumpft werden. Stelle dar, was du beruflich besonders gut kannst, was der andere nicht kann. Zeige Flexibilität und Einsatzbereitschaft – lasse dich dabei aber nicht ausnutzen! Klar gesteckte

Ziele helfen, den angestrebten Weg erfolgreich zu gehen und aufzuzeigen."

„Kann ich alles nachvollziehen."

„Also: Zeige, dass du da bist und gebraucht wirst. Mache dich sichtbar, sodass dich der andere sozusagen bildlich vor sich sieht. Übrigens, weißt du was ‚Bild' auf Französisch heißt?"

„Nein, hilf mir auf die Sprünge bitte."

„Es heißt ‚Image'. Ob daher das englische Wort Image kommt? Nichts wie ran an die Image-Arbeit."

5. Starker Auftritt – Gewinner sein

Immer wieder machte ich mir bewusst, welches unglaubliche Glück ich hatte, Winni kennenzulernen. Winni hatte mich bereits auf so viele Ideen gebracht, auf die ich alleine sehr wahrscheinlich nie bekommen wäre. Ich musste festhalten, wie gut es ist, sich mit anderen auszutauschen. Tatsächlich stimmt es, was Winni immer wieder betonte. Netzwerke aufbauen, Perspektiven wechseln, andere Betrachtungsweisen hören und so weiter. Manchmal hörten sich Winnis Ratschläge einfach an und ich wunderte mich, dass ich nicht schon selbst auf die Ideen gekommen war. Manches lag sozusagen auf der Hand oder –

andere würden es anders ausdrücken – auf der Straße. Es musste sich nur gebückt werden, um es aufzuheben. Anschließend betrachten, analysieren und überlegen, wie es das eigene Leben bereichern kann.

Wenn Winni mit neuen Überlegungen kam, kam er immer mal wieder ‚hinten durch die kalte Küche'. Damit meine ich, dass nicht immer sofort erkennbar war, worauf Winni hinauswollte. Er konnte es manchmal auch übertreiben mit seinen kleinen Geschichtchen. Tatsächlich schaffte er es aber immer wieder, mich für seine Ideen zu begeistern. Solange ich die Bereitschaft zeigte, mich darauf einzulassen, klappte es auch wunderbar. Mal sehen, was er hier noch zeigen wird.

Dieses Mal dauerte es allerdings tatsächlich einige Tage, bis sich Winni wieder sehen ließ. Entweder hatte er viel an anderer Stelle zu tun oder er wollte mir zu unserem zuletzt besprochenen Thema ausreichend Zeit einräumen, dieses auch gedanklich und praktisch zu bearbeiten.

Lebensstrategie

„Na, Sigi, so nachdenklich?"

Winni hatte es wieder einmal geschafft, unbemerkt aus dem Nichts aufzutauchen. „Hi, Winni, freue mich dich zu sehen."

„Mir geht es genauso, Sigi. Ich hatte in den letzten Tagen viel zu tun. Da wo ich herkomme, scheint es das Wort Ruhe überhaupt nicht zu geben. Dauernd ist irgendetwas los. Immer dann, wenn ich denke, jetzt ist alles in Ordnung, taucht wieder eine neue Herausforderung auf. Manchmal scheint mir ..."

„Erlaube mir, dass ich dich unterbreche, lieber Winni. Wäre es nicht eher langweilig, gäbe es nicht dauernd etwas Neues? Muss es denn nicht immer wieder neue Herausforderungen geben, damit sich das Leben weiter entwickeln kann?"

„Ja, ja, natürlich weiß ich …"

„… dass es ohne Dunkel kein Hell geben kann, ohne Unten kein Oben, ohne …"

„… Verlierer keine Gewinner."

Jetzt war ich etwas überrascht. Gerade war ich so guter Laune, und nun wirft Winni das Wort Verlierer ein. „Jetzt muss ich einmal kurz überlegen, Winni. Muss es tatsächlich Verlierer geben, damit es auch Gewinner geben kann? Könnte es nicht nur Gewinner geben auf dieser Welt?"

„Klar könnte es das. Zumindest in der Theorie. Nehmen wir an, alle Leute um uns wären Gewinner. Ständig und immer. Sie wüssten ja gar nicht mehr, was ein Gewinner ist. Nur wenn es das Gegensätzliche gibt, kann das Gegenwärtige geschätzt werden. Ich weiß, dass es mein Anliegen ist, möglichst die Lebensstrategie eines Gewinners einzunehmen. Vieles ist auch nur eine Betrachtungsweise beziehungsweise eine Sicht, wie ich mich oder andere selbst sehe."

„Das ist ja wieder einmal so eine ganz typische Wischi-Waschi-Sache, die sich schlecht greifen lässt."

6. Ich bin o. k. – und du auch!

„Genau. Deshalb will ich dir eine Überlegung von Eric Berne darstellen, die aus seiner sogenannten Transaktionsanalyse stammt. Eric Berne war ein kanadisch-US-amerikanischer Psychiater, der von 1910 bis 1970 lebte. Er verstarb schon früh aufgrund eines Herzinfarkts."

„Oh, das ist schade." Ich war etwas betroffen.

Ich-Zustände

„In seinem relativ kurzen Leben hat er tolle Modelle entwickelt, zum Beispiel das Konzept der Transaktionsanalyse. Bekannt geworden ist er auch durch seine Benennungen der ‚Ich-Zustände'. Davon hast du bestimmt auch schon einmal gehört."

„Ich erinnere mich finster. Das sogenannte Eltern-Ich, das Erwachsenen-Ich und das Kind-Ich."

„Alle Achtung, Sigi, du bist ja richtig gebildet. Ich komme nun zu dem Modell, das ich mit dir kurz durchleuchten will. Ich nenne es das Modell ‚Ich bin o. k.-Modell'. So hat übrigens auch Thomas Anthony Harris (US-am. Psychiater, 1910 – 1995) sein Buch genannt. Er hat zusammen mit Eric Berne an der Transaktionsanalyse gearbeitet."

„Na gut, dann lege mal los", forderte ich Winni auf.

Winni rückte sich zurecht. Dann begann er: „Gehen wir von zwei Basisbetrachtungen aus. Erstens, ich kann mich selbst als o. k. bezeichnen oder als nicht o. k. Betrachte ich mich selbst als o. k., dann kann ich alle klassischen Fragen aus dem Bereich des Selbstbewusstseins beantworten. Vor langer Zeit hatten wir uns darüber bereits ausgetauscht. Erinnerst du dich?"

„Natürlich! Das waren ja die Themenbereiche die wir besprachen, als wir zum ersten Mal zusammentrafen. Die drei Basisfragen lauteten: Wer bin ich, was kann ich, was will ich?"

„Bravo!", rief Winni aus. „Ich freue mich wahrzunehmen, dass bei dir noch eine echte Chance besteht." Winni zwinkerte mir mit einem Auge zu. „Also ich kann mich selbst als o. k. betrachten oder eben auch nicht."

Zack, war ein kleines Bild zu sehen.

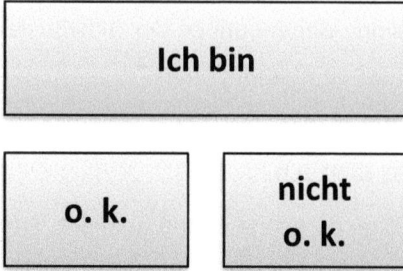

„O. k. Winni, soweit habe ich alles verstanden."

„Wunderbar. Wenn ich mich selbst als o. k. betrachte – nicht vergessen, wir reden hier von einer Lebensstrategie – sehe ich mich selbst als Gewinner. Wenn ich mich eher als nicht o. k. sehe, werde ich mich in diesem Modell als Verlierer sehen müssen."

„Halt", unterbrach ich. „Es gibt doch Situationen, in denen es einem nicht so gut geht oder etwas total schiefläuft. In diesem Augenblick kann ich mich doch unmöglich als Gewinner bezeichnen."

„Aber sicher doch, Sigi. Deshalb habe ich doch betont ‚Lebensstrategie'. Es kommt nicht auf eine einzelne Situation an, in der etwas blöd läuft, sondern auf die Grundeinstellung. Wenn ich meinen Tagesablauf betrachte, zusammenfassend sehe, wie meine Woche verlief und schließlich mein Leben, dann spreche ich von der erwähnten Lebensstrategie. Wir wissen ja, dass es Aufs und Abs gibt. Die Aufs müssen überwiegen."

„Na gut, ich kann das nachvollziehen. Ist das schon das ganze Modell?"

„Natürlich nicht", antwortete Winni, wobei er traurig den Kopf schüttelte. So, als wollte er ausdrücken, dass es echt schwierig wäre, mir den einfachsten Gedanken beizubringen. „Das war nun meine Sicht und zwar über mich selbst. Jetzt kommen wir zu der anderen Betrachtungsweise. Wie sehe ich mein Gegenüber? Darunter ist immer die Person verstanden, mit der ich gerade zu tun habe. Ich meine damit eine Einzelperson, also keine Gruppen von Personen. Das Modell betrachtet demnach immer zwei Personen, nämlich eine andere Person und mich selbst."

„Nachvollziehbar."

„So kann ich mein Gegenüber genauso o. k. betrachten oder eben als nicht o. k."

„Ist gut nachvollziehbar. Scheint recht logisch zu sein."

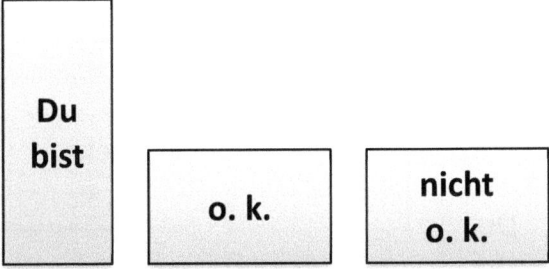

„Das sieht dann so aus."

„Nur zum Verständnis, Winni. Wenn ich mein Gegenüber als o. k. sehe, betrachte ich es als Gewinner. Richtig?"

„Richtig. Betrachtest du dein Gegenüber als nicht o. k., siehst du es als Verlierer. Nun fügen wir die beiden Darstellungen zu einem zusammen. Sieh her!"

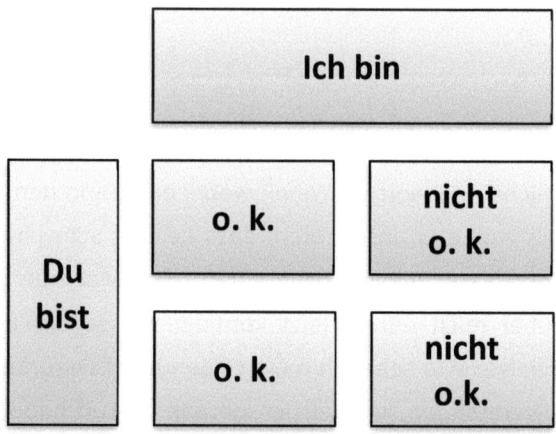

„Passt gut zusammen."

„Damit ergeben sich insgesamt vier Konstellationen. Beispielsweise kann ich mich selbst als o. k. betrachten, mein Gegenüber aber als nicht o. k. und entsprechend die anderen Varianten. Damit wir es nicht vergessen: Das Modell ist immer aus ‚meiner Sicht betrachtet' zu sehen. Ich ergänze das eben mal schnell."

Verlierer und Gewinner

„Die vier Lebensstrategien, wie ich mich selbst und mein Gegenüber betrachte lauten demnach:"

Gewinner – Gewinner	Gegenseitige Wertschätzung, konstruktive Kritik wird ausgetauscht, aktive Dialogformen. Sie helfen einander, Stärken auszubauen.	Diese Vorgehensweise wird auf Dauer Erfolg und Gewinn bringen.
Verlierer – Gewinner	Orientierung am anderen, fühlt sich selbst unterlegen und sieht zum anderen auf.	Auf Dauer wird es zu Konflikten und/oder Aggressionen kommen.
Gewinner – Verlierer	Fürsorglich, dominierendes oder unterstützendes Verhalten dem anderen gegenüber, der als schwächer betrachtet wird.	
Verlierer – Verlierer	Beide sehen sich als schwach und als Verlierer in der Gesellschaft an. Sie ziehen sich gegenseitig nach unten.	Beide benötigen Hilfe von Fachleuten.

Jetzt war ich doch etwas erschrocken. Ich fragte nach: „Nur damit ich es richtig verstehe, Winni. Wenn ich mich selbst als Verlierer sehe und mich immer an einem Gewinner orientiere, wird das auf Dauer nicht gut für mich ausgehen?"

Verlierer- und Gewinner-Rolle

„Ja, Sigi. Du hast schon richtig gesagt, nämlich ‚auf Dauer'. Das sind die entscheidenden beiden Wörter bei deiner Aussage. Wenn ich mich ‚mal' oder je nach Situation am anderen orientiere, kann ich von diesem lernen. Wichtig dabei ist allerdings, wie ich mich dann in dieser Situation selbst sehe. Betrachte ich mich als bemitleidenswerten Verlierer in diesem Geschehen? Betrachten wir folgende Situation, wobei ich darauf hinweise, dass sich die verschiedenen Aussagen manchmal etwas brutal anhören. Die Wörter Verlierer und Gewinner sind in diesem Modell so vorgegeben und bekommen bei genauer Betrachtung eine etwas andere Bedeutung als die, die wir ihnen sonst geben würden. Beispiel: Der Schüler ist dem Lehrer gegenüber zwangsläufig in der schwächeren Position, was sein Wissen angeht. Deshalb nimmt er hier die Strategie Verlierer – Gewinner ein. Er kann von dem Wissen des Lehrers profitieren. Anders betrachtet ist die Rolle des Lehrers dem Schüler gegenüber als Gewinner zu bezeichnen. Er vermittelt dem Schüler sein Wissen. Demnach ist er nun in der Gewinner-Rolle zu sehen."

„Moment, Moment. Das muss ich erst einmal verstehen. Arbeitet der Sportler mit seinem Trainer, dann bedeutet das nach diesem Modell, dass er selbst in der Verlierer-Rolle ist, sein Trainer in der Gewinner-Rolle. Habe ich das richtig verstanden?"

„Genauso ist es."

„Hach, dann kann das Modell aber überhaupt nicht stimmen. Damit wären alle Sportler, die sich den Luxus eines Trainers leisten können, als Verlierer zu bezeichnen. Nach deiner oben gezeigten Darstellung wird es zu Konflikten oder gar Aggressionen kommen müssen. Das stimmt doch so gar nicht, oder?"

Gewinner-Gewinner-Strategie

„Ich freue mich zu erkennen, dass du mitdenkst, Sigi. So lass uns gedanklich einen Schritt weitergehen. Die beschriebene Situation des Verlierers beziehungsweise des Gewinners bezieht sich lediglich auf die ‚Rolle', die der Lernende und der Trainer einnimmt. Unabhängig dieser Rolle sind beide gleichwertige Menschen. Gleichwertig bedeutet, dass sie sich gegenseitig wertschätzen und voneinander profitieren. Wenn sie auf dieser Ebene arbeiten können, geraten sie plötzlich in die Strategie Gewinner – Gewinner. Der eine gewinnt neues Wissen, der andere gewinnt zum Beispiel Geld."

„Ui, das ist ja wirklich nicht leicht zu verstehen."

„Dann lass uns noch eine andere Situation betrachten. Wenn ein Kleinkind aufwächst, werden verständlicherweise die Eltern für das Kind sorgen. Nach dem oben gezeigten Modell sind die Eltern als Gewinner zu betrachten, denn sie kümmern sich um das relativ schwache Kind. Wir finden uns demnach in der Rolle Gewinner – Verlierer. Nun wird das Kind älter werden. Es wird sich nach und nach von der Betreuung der Eltern abnabeln und somit sein eigenes Leben realisieren können. Kinder, die das nicht schaffen, werden im Verhältnis Kind – Eltern immer in der Rolle Verlierer – Gewinner bleiben. Deshalb ist es ja so wichtig, dass Kinder aus dem Hause ziehen und eigene Erfahrungen sammeln und andererseits die Eltern diese räumliche Trennung auch zulassen. Im Idealfall können später Kinder und Eltern wie Erwachsene miteinander umgehen und sind dann auf der Ebene Gewinner – Gewinner angelangt.“

„Ja, das kann ich nachvollziehen. Langsam leuchtet mir auch ein, weshalb von einer Strategie gesprochen wird. In der einzelnen Situation kann, wenn ich es richtig verstanden habe, jeder jede Rolle übernehmen. Er kann mal Verlierer, mal Gewinner sein. In der gesamten Lebenssituation betrachtet sollte aber das Gewinner – Gewinner Verhältnis angestrebt sein.“

„Genauso ist es zu sehen.“

Da fiel mir etwas ein. „Nehmen wir mal an Winni, ich befinde mich eher auf der gefühlten Verliererseite; wie schaffe ich es auf die Gewinner-Ebene zu kommen?“

Drei hilfreiche Fragen zur Gewinner-Strategie

„Hervorragende Frage, Sigi. Es gibt hier einen relativ leichten Weg. Dieser ist zu schaffen mit drei, nennen wir sie mal, hilfreichen Fragen. Nachdem das Problem beziehungsweise die Herausforderung benannt ist, klären diese drei Fragen den Ist-Zustand, den Soll-Zustand und schließlich die Ziel-Setzung."

„Aha", ich war nicht sicher, ob ich richtig verstanden hatte.

Winni fuhr fort. „Die erste Frage lautet: Wie fühle ich mich? Hier wird der sogenannte Ist-Zustand geklärt. Sobald diese Frage beantwortet wurde, stelle ich mir die Frage zum Soll-Zustand. Diese lautet: Wie will ich mich fühlen? Und schließendlich die dritte und letzte Frage, die die Ziel-Setzung verfolgt: Was tue ich, um mich so zu fühlen, wie ich mich fühlen will?"

Ist-Zustand	Wie fühle ich mich?	„Ich fühle mich unwohl."
Soll-Zustand	Wie will ich mich fühlen?	„Ich will mich wohl fühlen."
Ziel-Setzung	Was tue ich, um mich so zu fühlen, wie ich mich fühlen will?	„Um mich wohl zu fühlen, werde ich … tun."

„Was tue ich, um mich so zu fühlen, wie ich mich fühlen will?", murmelte ich. „Das scheint mir nicht leicht zu beantworten, oder?"

„Oh ja, die erste und die zweite Frage kann ich mir schnell stellen und sie auch, wenn ich ehrlich zu mir bin, schnell und sauber beantworten. Die dritte Frage entspricht einer klassischen Ziel-Setzung. Darüber haben wir uns bereits ausführlich an anderer Stelle unterhalten."

„Stimmt, sie muss realistisch sein, es muss machbar sein."

„So ist es. Wenn ich mir ein realistisches Ziel setze, werde ich es erreichen. Damit wird mein Gefühl besser. Wird mein Gefühl besser, dann wird meine Lebenseinstellung ebenso besser. Verfolge ich diese Vorgehensweise konsequent, kann ich mich recht bald als Gewinner bezeichnen."

(Liebe Leserin, lieber Leser, nehmen Sie sich einen Augenblick Zeit. In welchen Situationen sehen Sie sich in einer Verlierer-Gewinner-, einer Gewinner-Verlierer- und in einer Gewinner-Gewinner-Strategie? Am besten aufschreiben.)

Charisma und Stärke

„Ändert sich dadurch mein Auftreten?"

„Natürlich, Sigi. Schaue dir doch einfach nur die Körpersprache an, von Menschen die gerade etwas erreicht haben. Sie zeigen eine offene Körperhaltung. Die Arme sind entweder weit vom Körper zur Seite oder nach oben gestreckt oder zeigen eine geballte Faust, um die Stärke zu demonstrieren. Die Schultern sind nach hinten gezogen. Die Faust ist dominierend stark zu sehen. Der Mensch lächelt oder lacht intensiv; die Augen strahlen. So sehen Gewinner aus. Sie zeigen ihr eigenes Gefühl nach außen. Interessanterweise erkennen die anderen diese Ausstrahlung und deuten sie genau in der korrekten Form: Hier sehe ich einen Gewinner."

„Mein Auftreten wirkt stark und dadurch werde ich stark."

„Besser hätte ich es nicht sagen können. Das bedingt sich gegenseitig und baut eigene Stärke auf. Tschüss – mach's gut Sigi!" Mit einem lauten ‚Puff' verschwand Winni.

„Ich danke dir für alles, lieber Winni." Verstohlen wischte ich mir eine Träne aus den Augenwinkeln. Dann stand ich auf, straffte meinen Oberkörper und schritt selbstbewusst durch den Raum. Mein Selbstwertgefühl war, könnte ich es auf einer Skala ablesen, bei 100 Prozent angelangt.

ICH KENNE MEINEN SELBSTWERT

„I AM A WINNER!"

ENDE

Stichwortverzeichnis

Knigge als Synonym und als Namensgeber

Umgang mit Menschen

Suche weniger selbst zu glänzen, als andern Gelegenheit zu geben,
sich von vorteilhaften Seiten zu zeigen, wenn Du gelobt werden und gefallen willst
Adolph Freiherr Knigge, aus dem Buch „Über den Umgang mit Menschen", 1788
(1752 - 1796)

Adolph Freiherr Knigge

Schon zu seinen Lebzeiten war Adolph Freiherr Knigge (1752 – 1796) umstritten. Knigge setzte sich durch sein energisches Eintreten für die Ziele der Aufklärung, so wie er sie verstand, scharfen Angriffen aus. Er arbeitete als Romanschriftsteller und Satiriker sowie als politischer Schriftsteller. Er gehörte den Freimaurern an. Heute ist Knigge vor allem seines Buches wegen ‚Über den Umgang mit Menschen' (1788) bekannt. Und zwar deswegen, weil sein Werk als Etikette-Buch angesehen wird.

Knigge verdankt seinen heutigen Ruf und Erfolg aber einem Missverständnis. Denn: Das Werk Adolph Freiherr Knigges gilt als Etikette-Buch ersten Rangs. Allerdings beschreibt Knigge keine Regeln wie mit Besteck umzugehen ist oder das Verhalten bei Tisch, stattdessen offenbart er eine praktische Lebensphilosophie im Umgang mit Mitmenschen.

Er gibt Anleitungen und Anregungen, wie mit seinen Mitmenschen richtig umzugehen ist. Knigge hoffte damit, dass die Menschen glücklich und froh miteinander leben könnten.

Sein Buch erschien 1788 und war schon kurze Zeit in fast allen Haushalten zu finden. Über 200 Jahre lang prägte sich sein Buch im Bewusstsein der Leser als praktisches Handbuch über gutes Benehmen ein.

In drei Teilen seines Buches hat Knigge über den Umgang mit verschiedenen Menschengruppen geschrieben, zum Beispiel:

- Über den Umgang mit Leuten von verschiedenen Gemütsarten, Temperamenten und Stimmungen des Geistes und des Herzens (Erster Teil, 3. Kapitel)

- Über den Umgang mit Frauenzimmern (Zweiter Teil, 5. Kapitel)

- Über die Verhältnisse zwischen Herrn und Dienern (Zweiter Teil, 7. Kapitel)

- Über das Verhältnis zwischen Wohltätern und denen, welche Wohltaten empfangen; wie auch unter Lehrern und Schülern, Gläubigern und Schuldnern (Zweiter Teil, 10. Kapitel)

- Über den Umgang mit den Großen der Erde, mit Fürsten, Vornehmen und Reichen (Dritter Teil, 1. Kapitel)

- Über die Art, mit Tieren umzugehen (Dritter Teil, 9. Kapitel)

Obwohl es heute klar ist, dass Knigge anderes verfolgte, als wir unter seinem Namen verstehen, soll ‚Knigge' als Synonym für den Bereich stehen, dem sich das vorliegende Buch widmet.

12 Ratgeber in der kleinen Knigge-Reihe

Der kleine ...-Knigge ²¹⁰⁰ (Je € 9,70; 88 Seiten, 12x19 cm, kartoniert)

Anstands- und Banausen-Knigge ²¹⁰⁰
Business- und Kunden-Knigge ²¹⁰⁰
Büro- und Kollegen-Knigge ²¹⁰⁰
Gäste- und Gastgeber-Knigge ²¹⁰⁰
Gesellschafts- und Freunde-Knigge ²¹⁰⁰
Outfit- und Stil-Knigge ²¹⁰⁰

Interkulturelle- und Auslands-Knigge ²¹⁰⁰
Bewerbungs- und Vorstellungs-Knigge ²¹⁰⁰
Event- und Feste-Knigge ²¹⁰⁰
Gastro- und Tischsitten-Knigge ²¹⁰⁰
Speisen- und Exoten-Knigge ²¹⁰⁰
Trinkkultur- und Getränke-Knigge ²¹⁰⁰

12 x kleines Handbuch der Rhetorik 2100

Der kleine Handbuch der Rhetorik ²¹⁰⁰ (Je € 9,70; 100 Seiten, 12x19 cm)

Erfolgreich reden
„Die Kunst, flott vorzutragen"
Körpersprache einsetzen
„Mit Händen und Füßen sprechen"
Vorträge trainieren „Ich will endlich erfolgreich präsentieren!"
Nervosität austricksen
„Mir zittern die Knie"
Begeistert überzeugen
„Das rhetorische Feuer entfachen"
Unterschwellig manipulieren
„Ich kriege dich schon!"

Wahrnehmung verzerren
„Ich glaub' nur, was ich sehe."
Einwände entkräften „Das ist doch gar nicht machbar! – Oder doch?"
Gespräche führen „Zielorientierte und zeitsparende Gesprächslenkung"
Meetings leiten
„Besprechungen erfolgreich führen"
Geschicktes Nudging
„Das versteckte Anschubsen"
Interviews führen
„Darf ich Sie mal fragen?"

4 Ratgeber in der Ego-Management-Reihe

Persönlichkeits-Management – Ego-Knigge 2100 Soft Skills, Selbst-Reflexion und Selbst-Bewusstsein
Stress-Management – Ego-Knigge 2100 Lampenfieber, Stressoren, Gerüchte, Mobbing, Burnout, Stressvermeidung
Zeit-Management– Ego-Knigge 2100 Umgang mit der Zeit, Organisation von Arbeits-abläufen, Perfektionismus, Zielsetzung
Gedächtnis-Management – Ego-Knigge 2100 Gehirn, Intelligenz, Schwachsinn – Hochbegabung, Gedächtnis, Lerntechniken.
Jeder Ratgeber € 14,90, 104 Seiten, A5, kartoniert

4 Ratgeber der Reihe Lebenseinstellung

Aberglauben-Knigge 2100 Von schwarzen Katzen, der linken Hand des Teufels und den Glücksbringern
Lügen- und Egoismus-Knigge 2100 Überleben durch Flun-kern, Schummeln und Täuschen! Macht, Respekt, Wertschät-zung? Lebenslüge und Lebensschutz
Glücks-Knigge 2100 Vom Glücklichsein, positiven Denken und von Freundschaften
Angst- und Optimismus-Knigge 2100 Die Furcht beherr-schen, Ängste nutzen und positiv durchs Leben gehen.
Jeder Ratgeber € 12,95, 160 Seiten, A5, kartoniert

3 Ratgeber Bräutigam, Braut und Brautpaar

Bräutigam-Knigge 2100 Verlobung und Polter-abend, Schwiegereltern und das Ja-Wort, Hoch-zeits-Outfit und Hochzeits-Kutsche
Braut-Knigge 2100 Brautkleid und Accessoires, Das große Hochzeitsfest, Höhepunkte und Hoch-zeitstanz
Brautpaar-Knigge 2100 Historisches und Sonderbares, Planung und Organisation, Aber-glaube und Hochzeitsbräuche.
Jeder Ratgeber € 15,90, 104 Seiten, A5, kartoniert

2 Ratgeber Selbst-Coaching

Selbstbewusstsein Knigge 2100 Ich bin, ich kann, ich will. Das eigene Leben bestimmen, Soft Skills, The Winner 1.
Selbstwertgefühl Knigge 2100 Steh auf! Werde aktiv! Zeige Profil! Das eigene Leben beeinflus-sen, Motivation, The Winner 2.
Selbstoptimierung Knigge 2100 Optimistischer, attraktiver, authentischer. Das eigene Leben gestalten, Ansprüche, The Winner 2.
Jeder Ratgeber € 12,95, 120 Seiten, A5, kartoniert

Leben und Lifestyle

Das kleine Knigge-Quiz ^{2100} € 9,70; 96 Seiten, 12x19 cm, kartoniert

Jugend-Knigge ^{2100} Knigge für junge Leute und Berufseinsteiger, € 15,90; 152 Seiten

Zukunfts-Knigge ^{2100} Verfall der Sitten und Verlust der Wertschätzung? Umgangsformen in 100 Jahren. Zusammenleben mit Menschen, Maschinen und menschenähnlichen Robotern, € 14,95; 172 Seiten A5 kartoniert

Wertschätzung-Knigge ^{2100} Gleichberechtigung, Gender und Respekt, Sexuelle Orientierung, Umgang bei Diskriminierung und Mobbing, € 14,95; 152 Seiten A5

Hochzeits-Knigge ^{2100} Hochzeitsbräuche, Geschenke, Brautjungfer, Trauung, Festgäste und Festmahl, € 29,95; 310 Seiten A5

Ü65- und Senioren-Knigge ^{2100} Die junge Alten und die alten Jungen, Kommunikation und Verständnis zwischen den Generationen, Einsamkeit und technischer Fortschritt, € 19,95; 180 Seiten A5

Blumen-Knigge ^{2100} Historisches, Mystisches, Festliches, Blumen-Sprache, Umgang mit Blumen-Präsenten, € 19,95; 144 Seiten A5

Bekleidung! Ausdruck der Persönlichkeit – Lukas' Outfit-Knigge ^{2100}, € 19,95; 196 Seiten A5

Nudel-Knigge ^{2100} Himmlische Teigwaren, € 17,95; 140 Seiten A5

Der Interkulturelle Kompetenz-Knigge ^{2100} Kultur, Kompetenz, Eindrücke – Gesten, Rituale, Zeitempfinden - Berichte, Tipps, Erlebnisse, € 29,95; 240 Seiten A5

China-Deutschland-Knigge ^{2100} Chinesen in Deutschland, € 12,90; 104 Seiten A5

Dschungel-Knigge ^{2100} Umgang in ungewohnter Umgebung, € 23,95; 192 Seiten A5

Der Dicke-Knigge ^{2100} Aus dem prallen Leben des Dicken, € 15,90; 104 Seiten A5

Typisch Frau – Typisch Mann Knigge ^{2100} Unterschiede und Gemeinsamkeiten im Umgang mit dem anderen Geschlecht, € 12,95; 128 Seiten A5

Kulinarischer und Gastronomischer Knigge ^{2100} Von Events, Feiern, Aperitif über Esskultur, Speisen und Getränken zu zeitgemäßen Tischsitten, € 26,50; 284 Seiten A5

Klo- und Pinkel-Knigge ^{2100} Vom privaten und öffentlichen Bedürfnis - Umgangsformen im Tabu-Bereich, € 13,50; 104 Seiten A5

Omi hüpf' mal Märchen meiner Großmutter, Erlebnisse ihre Jugend und wahre Geschichten meines Vaters von und über Omi Rickchen, Hardcover, € 29,95; 312 Seiten

Der Hunde-Knigge ^{2100} Umgang mit dem Hund – Hundesprache – Der Hund in der Gesellschaft, € 17,95; 180 Seiten A5

Welcome to Germany-Knigge ^{2100} Umgangsformen, Verhaltensmuster und gesellschaftliches Miteinander im deutschsprachigen Europa, € 11,99; 108 Seiten A5

Besuch willkommen Knigge ^{2100} Einladung, Gast, Geschenk, Empfang, Feier, Gastfreundschaft, € 14,95; 200 Seiten A5

Mensch, Macht, Mörder ^{2100} Verfall der Umgangsformen?, € 14,90; 260 Seiten A5

Leben, Tod und Ansichten Austausch mit Berühmtheiten über Wichtiges und Unwichtiges im Leben, € 12,95; 116 Seiten A5

Leben, Tod und Überlegungen Austausch mit Berühmtheiten über Größe, Ewigkeit und Spaß im Leben, € 12,95; 116 Seiten A5

Tod, Trauer, Totenkult-Knigge ^{2100} Sterben, Trost, Takt, Bestatten, Tradition, Vorsorge, Tabus, Vergänglichkeit und Sonderbares, € 17,95; 212 Seiten A5

Corona-Knigge ^{2100} Umgang mit dem Virus, € 9,70; 88 Seiten 12x19, kartoniert

Leben und Lifestyle

    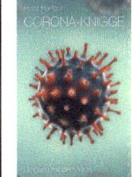

Rhetorik, Soft Skills, Hochschule, Beruf

Rhetorik ist Silber Von den ersten Schritten zu einer perfekten Präsentation, € 17,90; 144 Seiten A5, kartoniert, Zeichnungen
Moderation ist Gold Gesprächsführung, Umfragen, Talkrunden und Manipulation, € 17,90; 144 Seiten A5, kartoniert, Zeichnungen
Lebhafte Körpersprache in Vorträgen, Präsentationen, Gesprächen, € 17,90; 144 Seiten A5, kartoniert, ca. 290 Zeichnungen
Rhetoric – Mastering the Art of Persuasion, € 22,90; 144 Seiten A5, kartoniert
Discussion – Mastering the Skills of Moderation, € 22,90; 144 Seiten A5, kartoniert, Zeichnungen
Body Language in Europe, € 22,90; 144 Seiten A5, kartoniert, ca. 290 Zeichnungen
Körpersprache – Lüge, Verrat, Macht, Im Beruf, vor Gericht, beim Flirt – Gewinnerpose und Demutshaltung – Drohung und Zuneigung; € 29,95; 364 Seiten A5, kartoniert, über 400 Zeichnungen
Das große Buch der Rhetorik [2100] Tacheles reden; Präsentieren; manipulieren und überzeugen, € 37,45; 332 Seiten A5, kartoniert, viele Darstellungen
Trickreiche Rhetorik [2100] Psychologische Gesprächsführung, manipulierende Darstellung, unaufdringliches Nudging, € 37,45; 300 Seiten A5, kartoniert, Zeichnungen
Soft Skills-Knigge [2100] Soziale, Persönlichkeit, Selbstmanagement, € 37,45; 324 Seiten A5, kartoniert, viele Darstellungen
Schlagfertigkeit-, Spontaneität-, Stegreif-Knigge [2100] Impulsiv handeln, verbale Angriffe kontern, Störungen entwaffnen, € 13,50; 104 Seiten A5
Pitch Skills und Überzeugungs-Knigge [2100] Elevator Pitch, Geldgeber beeindrucken, Feuer versprühen, € 13,50; 128 Seiten A5, kartoniert
Smalltalk-Knigge [2100] Vom kleinen Gespräch bis zum charmanten Flirt - Kontakt ausbauen, Sympathie zeigen, Begehrlichkeit wecken, € 13,50; 100 Seiten A5
Quassel-Knigge [2100] Quasseln, Quatschen, Quengeln oder Lebenswichtige Kommunikation – Gezielt eingesetzte Rhetorik – Aussagekräftiges Profil zeigen, € 13,50; 112 Seiten A5
Studenten- und Hochschul-Knigge [2100] Studentischer Umgang in und außerhalb der Uni, 132 Seiten A5, kartoniert, Fotos
Jugend-Karriere-Knigge [2100] Schule und Studium, Netzwerk und Klüngel, Erfolg und Risiken, € 19,95; 224 Seiten A5, kartoniert, Zeichnungen, Checklisten
Bewerbungs-Knigge [2100] **für Frauen – Tina bewirbt sich / Bewerbungs-Knigge** [2100] **für Männer – Tom bewirbt sich**, Vorbereitung, Wahl der Kleidung, Verhalten beim Bewerbungsgespräch, je € 19,70; 128 Seiten A5, kartoniert, Fotos, Checklisten
Kreativitäts-Knigge [2100], Visionärhaft denken, Scheuklappen sprengen, Mentales Risiko eingehen, € 14,95; 164 Seiten A5, kartoniert
Team und Typ-Knigge [2100], Ich und Wir, Typen und Charaktere, Team-Entwicklung, € 14,95; 128 Seiten A5, kartoniert, viele Darstellungen
Die flotte Generation Y im 21. Jahrhundert, selbstbewusst – lebensbetonend – flexibel. Wie mit der Generation Y zielorientiert und erfolgreich gearbeitet werden kann, € 12,95; 116 Seiten A5, kartoniert, Zeichnungen
Die flotte Generation Z im 21. Jahrhundert, entscheidungsfreudig – effizient – eigenverantwortlich. Wie mit der Generation Z zielorientiert und erfolgreich gearbeitet werden kann, € 12,95; 140 Seiten A5, kartoniert, Zeichnungen
Telemeeting [2100], Digitale Konferenz, Online-Unterricht, Homeoffice, € 12,95; 104 Seiten A5, kartoniert

Rhetorik, Soft Skills, Hochschule, Beruf

Englisch:

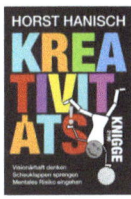  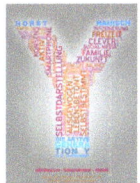  

Beratung, Coaching, Seminar

Wer hat nicht gerne mit Menschen zu tun, die selbstbewusst und selbstsicher mit anderen Menschen umgehen? Geschäftspartnern, die die elementaren Regeln des 'Benimms' beherrschen, stehen die Türen zum Erfolg offen. Unternehmen, die neben ihrer fachlichen Leistung auch 'menschlich' überzeugen wollen, bieten wir für ihre Mitarbeiterinnen und Mitarbeiter aktives Training im Umgang mit Kunden, Gästen, Kollegen und Gesprächspartnern an.

seit 1987
Horst Hanisch Seminare

Auf unserer Website informieren wir Sie über unsere Angebote:

- Firmen-Internes-Training
- → Business-Etikette und das Lehrmenü
- → Präsentieren, Moderieren, Kommunizieren
- → Körpersprache und ihre Geheimnisse
- Offen ausgeschriebene Seminare
- → Teuflische Rhetorik
- → Flottes Reden vor und zu anderen

- → Der erste Eindruck
- → Ladies Power
- Individuelles Einzelcoaching
- → Authentisches Auftreten
- → Dress for Success
- → Verhandlungstechniken
- → Persönlichkeit
- Interkulturelles Training
- Freundlichkeits-Checks in Unternehmen

- Workshops
- → Soft Skills
- → Team-Training
- Intensiv-Training für
- → TV-Auftritte
- → Vorträge
- → Präsentationen
- → Reden
- Fachliteratur und Arbeitsunterlagen
- Vorträge/Speaker
- → Vor kleinem und vor großem Publikum

Individuelles Coaching für Einzelpersonen: Und, wer es ganz individuell mag, greift zurück auf ein Einzel-Coaching, auch als Online-Coaching. Hier werden ganz persönliche Herausforderungen angegangen, mit Themen wie:

- Interkulturelle Kompetenz
- Selbstsicheres Auftreten
- Präsentations-Techniken
- Erfolgreiche Verhandlungsführung

- Der Erste Eindruck
- Bewerbungstraining
- Rhetorik und Überzeugungskraft

und andere Themen – direkt auf die besonderen Bedürfnisse des Einzelnen zugeschnitten. Besuchen Sie uns auf www.knigge-seminare.de